D1668499

Willy Brandt
»Auch darüber wird Gras wachsen ...«

Willy Brandt

»Auch darüber wird Gras wachsen ...«

ANEKDOTISCHES UND HINTERGRÜNDIGES

Erzählt von Heli Ihlefeld

HERBiG

Dank

Vor allem danke ich meiner Lektorin Gabriele Rieth-Winterherbst
für die so produktive und vergnügliche Zusammenarbeit.

Ich danke meinen Kindern Katharina und Sebastian

und meinen Freundinnen Dr. Renate Hauser und
Hanne Pollmann für ihre Unterstützung

sowie Dr. Ad Sckerl für manch einen klugen Rat.

© 2013 F. A. Herbig
Verlagsbuchhandlung GmbH, München
Alle Rechte vorbehalten
Umschlaggestaltung: Wolfgang Heinzel
Umschlagfoto: ullstein bild, Berlin
Satz: VerlagsService Dr. Helmut Neuberger
& Karl Schaumann GmbH, Heimstetten
Gesetzt aus: 11/14,3 Punkt Minion
Druck und Binden: GGP Media GmbH, Pößneck
ISBN 978-3-7766-2720-6

Auch als

www.herbig-verlag.de

Inhalt

Vorwort

Schon als Journalistin hatte mich die Kunst der kleinen Form – Anekdote, Short Story oder Kurzgeschichte –, die auf eine überraschende Wendung zuläuft, interessiert. Viele Zeitungen veröffentlichten damals – der *Spiegel* tut es bis heute – sogenannte Personalien über Prominente, oft auch aus der Politik. Und ich berichtete derartige Personalien oder kurze Geschichten aus Bonn, wenn sich in ihnen etwas Anekdotisches verbarg.

Daher kam eines Tages ein kleiner Verlag auf mich zu und wollte mit mir ein Bändchen »Anekdoten aus Bonn« produzieren. Einige Zeit später meldete sich ein anderer Verlag und regte die Herausgabe von Willy-Brandt-Anekdoten an. Ich erzählte dem SPD-Vorsitzenden von diesem Plan, der ihm so sehr gefiel, dass er selber eine ganze Reihe dieser erlebten Geschichten in seiner feinen, markanten Schrift für mich niederschrieb.

Für Willy Brandt schwärmte ich seit meiner Teenagerzeit, nachdem ich ihn als Regierenden Bürgermeister von Berlin zum ersten Mal im Schwarz-Weiß-Fernsehen zu Hause in Hannover gesehen hatte. Einmal erlebte ich ihn damals sogar live, als ich meinen Vater Dr. Kurt Ihlefeld, zu der Zeit Verleger in Hannover, zu einer Veranstaltung nach Berlin begleiten durfte.

Einige Jahre später, als politische Journalistin in Bonn, begleitete ich den Bundesaußenminister und später den

Bundeskanzler Willy Brandt auf Auslands- und Wahlkampf-reisen, interviewte ihn in Bonn, erlebte ihn im Bundestag oder bei anderen Anlässen. Viele Anekdoten, Personalien und Geschichten konnte ich so auch selbst sammeln. Die Willy-Brandt-Anekdoten wurden ein Erfolg.

Als Kunstform setze die Anekdote beim »Produzenten wie beim Rezipienten produktive Phantasien voraus, die der gradlinig zugespitzten Handlung die überraschende Wendung zu geben beziehungsweise abzugewinnen« vermöge, heißt es im *Wörterbuch der Literaturwissenschaft* von Claus Träger. Nach dieser Definition war Willy Brandt der ideale »Produzent«. Ihm fielen als ehemaligem Journalisten auf seinem langen, oft nicht einfachen politischen Weg derartige Geschichten förmlich vor die Füße. Er erkannte, sammelte und formte sie auch für sein »Geschäft« um. Denn nicht selten nutzte er sie für seine politischen Zwecke, so wie damals bei Gesprächen in Washington die Radio-Eriwan-Witze und andere.

Ich kenne keinen Politiker, der diese Gabe wie er beherrschte, der selber so viel Spaß an politischen Witzen und Pointen hatte und sie aus dem Stegreif erfinden konnte. Er brauchte das Lachen darüber, um Abstand von seinem schwierigen politischen Alltag zu bekommen. Nie jedoch waren diese Geschichten, die er selber oft in heiterer Runde – nicht selten im Kreise von Journalisten – erzählte, verletzend. Willy Brandt amüsierte sich nicht auf Kosten anderer. Eher demonstrierte er Distanz zu seiner eigenen Person, indem er auf selbstironische Weise andere auf seine Kosten lachen ließ. Nicht nur die Geschichten aus dem Kapitel »Vatertage« lassen die vorbildliche Toleranz dieses großen Politikers erkennen. Überhaupt verraten diese Geschichten viel über den Menschen Willy Brandt, z. B. in seiner Beziehung zu seiner überall beliebten und bewunderten norwegischen Frau Rut. Diese Beziehung war von Respekt und Zuneigung geprägt.

Nun zu Willy Brandts 100. Geburtstag erscheint mir diese Sammlung von Geschichten und Anekdoten, die so viel über den Menschen und die Persönlichkeit des ersten sozialdemokratischen Bundeskanzlers der Bundesrepublik Deutschland verraten, besonders geeignet, an diese bewegte Zeit der Bonner und der Weltpolitik und deren Protagonisten zu erinnern. Ich habe diesen erlebten Geschichten und der erlebten Geschichte durch eigene Erlebnisse und Erfahrungen noch einige Farbe hinzugefügt.

Heli Ihlefeld

Wer Visionen hat …
Erreichbare Horizonte

»Von seinem Wirken wird noch lange die Rede sein, wenn man von Helmut Schmidt kaum mehr spricht und Herbert Wehner längst vergessen hat«, wusste der Sozialdemokrat Horst Ehmke schon vor vielen Jahren.

Er meinte Willy Brandt. Für Brandt kam der wohl schönste Tag seines Lebens als Politiker, als er schon lange nicht mehr Bundeskanzler war und auch nicht mehr SPD-Vorsitzender. Dieser Tag schien die Bestätigung zu sein für seine jahrzehntelange Arbeit unter häufig massiven Anfeindungen für die Verständigung zwischen Ost und West, den Ländern hinter dem Eisernen Vorhang und vor diesem. In seinen späteren Jahren war er aber dennoch weiter aktiv für den Frieden in der Welt tätig gewesen.

Willy Brandt war als ein Baumeister der Wiedervereinigung dabei in der Nacht nach der Maueröffnung am 10. November 1989. Und er fand auch die richtigen Worte für diese geschichtliche Stunde, genauso wie 1961, als er als Regierender Bürgermeister von Berlin den Mauerbau erlebte und richtig bilanzierte: »Was zusammengehört, ist auseinandergerissen worden.«

Fast 30 Jahre später formulierte Willy Brandt auf dem John-F.-Kennedy-Platz befreit: »Das ist ein schöner Tag nach einem langen Weg.« Dann wandte er sich an die begeisterten jungen Menschen unter den Versammelten: »Denen, die heute noch so schön jung sind ... kann es nicht immer leichtfallen, sich die historischen Zusammenhänge klarzumachen. Deshalb erinnere ich daran, dass nicht alles am 13. August 1961 begonnen hat. Das deutsche Elend begann mit dem terroristischen Naziregime und dem von ihm entfesselten Krieg, der Berlin wie so viele andere deutsche und nichtdeutsche Städte in Trümmerwüsten verwandelte. Aus dem Krieg und aus der Veruneinigung der Siegermächte erwuchs die Spaltung Europas, Deutschlands und Berlins.« Und dann folgte der historische Satz, der um die Welt gehen und sich in unsere Köpfe einprägen sollte: »Jetzt wächst zusammen, was zusammengehört.«

IRRTUM

Auch ein politischer Visionär kann irren. Im Sommer 1973 wurde Bundeskanzler Willy Brandt von Journalisten gefragt, ob er damit rechne, die Wiedervereinigung Deutschlands noch zu erleben. Damals antwortete er: »Ende dieses Jahres werde ich 60 sein. Ich möchte von der Güte des Herrn nicht allzu viel erwarten. Daher meine ich – bei realistischer Beurteilung –, dass ich dies möglicherweise der nächsten Generation überlassen muss.«

GENERALSTABSARBEIT

Mögen Willy Brandts Ziele visionär gewesen sein, seine Außenpolitik war pragmatisch und geduldig. Diese Arbeit bezeichnete er einmal auch in der Terminologie kriegerischer Nationen als »Generalstabsarbeit für den Frieden«. Kurz vor seinem Tod, drei Jahre nach dem Fall der Mauer, erinnerte er daran, dass man angesichts der Geschichte einen langen Atem haben müsse. Und er ergänzte seinen Satz von damals: »Abgeschlossen ist der Prozess des Zusammenwachsens erst, wenn wir nicht mehr wissen, wer die neuen und wer die alten Bundesbürger sind.«

Ein wahrhaft visionärer Satz angesichts unserer heutigen Wirklichkeit.

LEBENSHOFFNUNG

Willy Brandt forderte seine Mitbürger stets auf, mitzudenken und mitzuhandeln, um diese Friedensarbeit zu unterstützen. Und er sagte in einer seiner zahlreichen viel beachteten Reden: »Der Frieden ist nicht alles, aber ohne den Frieden ist alles nichts.«
Durch seine persönliche Haltung und Integrität überzeugte er, allen Anfeindungen zum Trotz, auch viele seiner persönlichen Widersacher. Der CDU-Politiker und ehemalige Bundespräsident Richard von Weizsäcker sagte über ihn: »Seine Autorität blieb bestehen, seine Glaubwürdigkeit, und sie wuchs noch im Alter. Sie war an seine Person gebunden und nicht an sein Amt.«

So war Willy Brandt bei Freund und Feind schließlich anerkannt. Und eine Hoffnung hatte sich damit erfüllt, die er selbst so formulierte: »Wenn in der Bilanz meiner politischen Wirksamkeit stehen würde, ich hätte einem neuen Realitätssinn in Deutschland den Weg öffnen helfen, dann hätte sich eine große Hoffnung meines Lebens erfüllt.«

WAS ZUR FAULHEIT FÜHRT

Besonders wegen einer Eigenschaft wurde Willy Brandt verehrt, die er trotz einer schweren Kindheit und Jugend und vieler Schmähungen entwickelt hatte: seine Toleranz. Deshalb erstaunt auch die Antwort nicht, die er selbst auf die Frage gab, welche Charaktereigenschaft seiner Meinung nach ein Politiker haben sollte. Er sagte: »Dass keiner so tut, als habe er die Weisheit mit Löffeln gegessen, als verfüge er über den Stein der Weisen. Das ist schrecklich. Das führt zur Intoleranz, zu Verketzerung oder zur Selbstgefälligkeit, die dann Faulheit wird, die den Staat, die das Gemeinwesen erschlaffen lässt.«

WEITSICHT

Selbst Hardliner wie den amerikanischen Außenminister Henry A. Kissinger konnte Willy Brandt offenbar durch seine Weitsicht und seine klare Haltung überzeugen. Jedenfalls, was die Ostpolitik anging. Der *Spiegel* erkannte aus den Memoiren des amerikanischen Politikers 1979, dass dieser zweifelte, ob der Weg der Entspannung dem Osten gegenüber der richtige sei. Kissinger schrieb damals an das Blatt: »Ich habe in meinem Buch geschrieben, auf lange Sicht gesehen, hielte ich Brandts Versöhnungspolitik für richtig.« Und er ergänzte ehrlich: »Trotz einiger Zweifel am Anfang bin ich zu der Überzeugung gelangt, dass die Ostpolitik unter den Umständen das Beste war, und ich unterstützte sie, so gut ich konnte.«

WILLY BRANDT HAT MUTTERWITZ

Schon als Regierender Bürgermeister von Berlin überzeugte Willy Brandt durch seine Klarheit. Der amerikanische Schriftsteller John Gunther führte in den 50er-Jahren ein Gespräch mit ihm und schrieb danach in seinem Buch *Inside Europe Today*: »Ich habe selten einen Mann kennengelernt, bei dem es mehr Befriedigung gibt, ihn zu interviewen. Er beantwortet die Fragen geradeheraus, ohne Drumherumreden. Willy Brandt hat Mutterwitz, er ist beredt, aufrichtig und anregend.«

Damals drohte Chruschtschow mit einem separaten Friedensvertrag zwischen Moskau und Ostberlin. John Gunther fragte Brandt nach seiner Meinung dazu, und der antwortete: »Das würde an der Situation nicht viel ändern. Alles, was Chruschtschow damit erreicht, ist, sich selbst zu heiraten.«

Willy Brandt sagte auch einmal: »Die Weitsicht von Kirchtürmen mag hübsch sein, doch ist sie beschränkt.«

TEURER STRICH

Ein anderes Mal unterhielt sich Brandt mit seinem Freund Halvard Lange, dem langjährigen norwegischen Außenminister, über Chruschtschow. Dieser habe ihm 1961 bei einem Moskaubesuch gesagt, das Berlin-Problem werde sich von allein lösen. Der östliche Teil des Problems habe sich durch den Bau der Mauer erledigt. Und der westliche Teil werde sich dadurch lösen, dass die Menschen dort wegliefen und die Wirtschaft zusammenkrache. Willy Brandt antwortete: »Diese Arbeitshypothese verstehe ich, aber wir werden ihm einen Strich durch die Rechnung machen.« Und so geschah es dann ja auch. Westberlin hat die Bundesrepublik all die Jahre bis zur Wiedervereinigung viel Geld gekostet.

SPÄTER ALS GEDACHT

Und auch der amerikanische Präsident holte sich Rat beim Regierenden Bürgermeister von Berlin. John F. Kennedy fragte im Herbst 1962 in einem Vier-Augen-Gespräch im Weißen Haus, ob sie beide in der Zeit ihres politischen Wirkens mit dem Problem der deutschen Wiedervereinigung konfrontiert werden würden. Willy Brandt antwortete: »Davon müssen wir ausgehen. Wenn es sich auch wahrscheinlich um eine stufenweise Veränderung handeln wird. Bedenken Sie bitte, dass inzwischen in Deutschland, in beiden Teilen, eine neue Generation heranwächst. Sie ist unbefangener. Jemand wie ich, der nicht zu den begeisterten Anhängern Hitlers gehörte, trägt trotzdem die Schande des

Nazismus mit sich herum. Die Vertreter der jetzt jungen Generation machen keine Extraverbeugung.«

Er sollte recht behalten, was die junge Generation angeht – nur später als gedacht, sodass Helmut Kohl als Kanzler der deutschen Wiedervereinigung die Lorbeeren ernten konnte. Kohl bedankte sich bei Brandt dafür mit den Worten: »Ich danke Willy Brandt für manchen guten Rat in den zurückliegenden Jahren der dramatischen Veränderung in Deutschland und Europa.«

NERVENSTARK

Nach dem Tod Willy Brandts erinnerte sich sein einstiger enger Mitarbeiter im Kanzleramt, Horst Ehmke, an die Zeit der Ostverträge: »Willy Brandt war, wenn es darauf ankam, ein Kanzler mit unsagbar guten Nerven.« Es ging damals um die Mehrheit im Bundestag. Die Unionsführung scheute sich nach dem gescheiterten Misstrauensvotum gegen Brandt, die Verträge scheitern zu lassen. Obwohl ihm das gegen den Strich ging, regte der Kanzler, um der CDU/CSU entgegenzukommen, eine gemeinsame Entschließung an. Diese könne zwar keinen vertragsändernden Charakter haben, aber eine Erklärung zur Abstimmung sein. Zusammen mit dem sowjetischen Botschafter Falin und CDU-Fraktionschef Rainer Barzel wurde in Brandts Haus verhandelt. Der Kanzler musste die Besprechung eher verlassen und beauftragte Horst Ehmke mit der Schlussredaktion der Entschließung. Anschließend trafen sich Willy Brandt und Horst Ehmke in der SPD-Fraktion wieder. »Deine Entschließung ist zwar

Quatsch«, sagte der Kanzler zu Ehmke, obwohl er diese selbst angeregt hatte, »aber schönen Dank. Damit kommen wir durchs Parlament.«

Die Freude war verfrüht, denn Moskau pfiff seinen Botschafter zurück. Und noch bevor das wieder ausgebügelt war, gab Rainer Barzel auf. Die Union stimmte also den Verträgen nicht zu, enthielt sich aber der Stimme. Und so wurden sie verabschiedet. Der Kanzler kommentierte das: »Sie haben Ihr Gewissen auf Enthaltung gestellt.«

Später erinnerte sich Horst Ehmke an das hartnäckige Tauziehen damals: »Die Verträge passierten das Parlament dank der visionären Kraft und der guten Nerven eines unersetzlichen Freundes.«

SCHAFSKÖPFE

Humor ist eine Gabe, die die Distanz zu den Ereignissen fördert und damit die Weitsicht unterstützt. Mancher spontanen Reaktion wäre daher mehr Humor gut bekommen.

In einer Ausstellung zur Gegenwartskunst spottete Willy Brandt über den »Tête d'homme« von Max Ernst: »Für mich ist das eher ein Schafskopf.« Da Humor aber auch eine nicht gleichmäßig verteilte Gabe ist, regten sich einige Künstler über die veröffentlichte Bemerkung des Bundeskanzlers auf. Der Vorsitzende des Künstlerbundes, Otto Herbert Hajek, ein enger Freund der Familie Brandt, sandte pflichtgemäß einen offiziellen Brief an den Regierungschef, in dem unter anderem zu lesen war: »Solche Äußerungen bringen ein

Missverständnis in die Öffentlichkeit und tragen dazu bei, die bildende Kunst zu desavouieren.«

Willy Brandt war über diese Reaktion zunächst überrascht und meinte dann: »Ich trage es mit Fassung, dass plötzlich schreckliche Geschichten über mein Kunstbanausentum in Umlauf gekommen sind. Aber der beste Gegenbeweis ist wohl, dass ich in meiner Wohnung neben anderen modernen Werken auch einige Hajeks habe.«

Von seiner beiläufigen Bemerkung zum Max-Ernst-Bild distanzierte er sich jedoch nicht: »Damit habe ich übrigens vermutlich genau die Intention des großen Dada Max getroffen, der seinerseits auch einige Erfahrungen mit Schafsköpfen hatte.«

MYSTIKER

Vielleicht gab es eine Seite an Brandt, die bestimmte Kunstwerke besser verstand als mancher bildende Künstler selbst. Mit dem Maler Georg Meistermann und verschiedenen Professoren diskutierte er einmal über moderne Kunst und meinte: »Es gibt Zeiten, in denen das Wasser aufgewühlt wird und deshalb nicht klar ist. Auch vom Grund aufgewirbelter Morast und Schlick trüben den Blick. Aber nach einiger Zeit beruhigt sich das Wasser. Es ist wieder friedlich und klar. Und dann kann man auch wieder auf den Grund sehen.«

DIE FRAGE NACH DEM RÜCKTRITT

Der Rücktritt Willy Brandts als Bundeskanzler war dramatisch. Nachdem der Osten den Spion Günter Guillaume in seiner unmittelbaren Nähe platziert hatte, übernahm Brandt nach der Enttarnung Guillaumes dafür die politische Verantwortung. Doch die Gemüter wollten sich so schnell nicht beruhigen, und auch er selbst musste diesen Schritt immer wieder reflektieren. Natürlich gab es damals viele Versionen über die Hintergründe, in denen auch Herbert Wehner, Fraktionschef der SPD und starker Mann im Hintergrund, eine Rolle spielte.

Als Brandt in einem langen Journalistengespräch dazu befragt wurde, meinte er schließlich lächelnd: »Sie hätten ja auch gleich fragen können, ob ausschließlich der Fall Guillaume bestimmend für meinen Rücktritt gewesen ist. Ich werfe diese Frage nun auf. Zu beantworten brauche ich sie ja nicht.« Das war für die Journalisten natürlich das Zeichen, bei dieser Frage erst recht nicht lockerzulassen. Schließlich meinte Willy Brandt, anspielend auf die Schwäche, die seine Regierung kurz vor seinem Rücktritt gezeigt hatte: Sicher sei vorstellbar, dass man mit der Affäre hätte anders umgehen können, wenn die Koalition in der Zeit davor erfolgreicher gewesen wäre und »meine Minister mehr Fortune gehabt hätten«. Und dann ergänzte er ehrlich: »Und ich bin auch schon besser gewesen als im letzten Jahr. Ich war nicht ganz in Form – na ja, ich bin über 60.« Nach dem Abschied in der Villa Hammerschmidt durch Bundespräsident Heinemann habe er diesem gesagt: »Gustav, ich war seit langer Zeit wieder fröhlich.«

MIT ERGEBENEN GRÜSSEN

Vorher hatte er geschrieben:
»Sehr geehrter Herr Bundespräsident!
Ich übernehme die politische Verantwortung für Fahrlässig-
keit im Zusammenhang mit der Agenten-Affäre Guillaume
und erkläre meinen Rücktritt vom Amt des Bundeskanzlers.
Gleichzeitig bitte ich darum, den Rücktritt unmittelbar
wirksam werden zu lassen und meinen Stellvertreter, Bundesminister Scheel, mit der Wahrnehmung der Geschäfte
des Bundeskanzlers zu beauftragen, bis ein Nachfolger
gewählt ist.
Mit ergebenen Grüßen
Ihr Willy Brandt.«

AUFATMEN

Und auch mit dem Star-Reporter der *Süddeutschen Zeitung*,
Hans Ulrich Kempski, sprach der Exbundeskanzler über
seine Gefühle und Gründe. Kempski fragte Brandt: »Bedau-
ern Sie es inzwischen, dass Sie das Amt des Bundeskanzlers
abgegeben haben?« Willy Brandt überlegte einen Augenblick und meinte dann aufatmend: »Entschieden ist entschieden!« Und dann ergänzte er in klarer Selbsteinschät-
zung: »Ich brauche, wenn ich eine politische Rolle spielen
will, kein Staatsamt.«

VON LÄUSEN UND MENSCHEN

Willy Brandt gönnte sich also keine Pause von der Politik. Vier Wochen nach seinem Rücktritt stand er schon wieder im niedersächsischen Wahlkampf. Und er wurde auf seiner ersten Wahlkampfreise als Altbundeskanzler stürmisch gefeiert. Natürlich war dabei auch auf beiden Seiten Wehmut deutlich spürbar.

»Ich habe die Stafette ordentlich übergeben«, sagte er in Fallingbostel den Bürgern stolz. »Sie werden nach wie vor als der Begründer der deutschen Friedenspolitik angesehen«, lobte ihn der Bürgermeister. Willy Brandt versprach daraufhin, er werde seinem Nachfolger Helmut Schmidt helfen, die Entspannungspolitik mit dem Osten erfolgreich fortzusetzen.

An dieser Stelle kam dann der einzige Hinweis auf den Anlass seines Rücktritts als Zeichen dafür, dass er den Fall Guillaume als östlichen Verrat an seiner Friedenspolitik ansah: »Von dieser Politik werde ich mich auch nicht dadurch abbringen lassen, dass man mir diese Laus in den Pelz gesetzt hat.«

GUT WETTER

Sechseinhalb Jahre nach seinem Kniefall am 7. Dezember 1970 vor dem Denkmal des Warschauer Ghetto-Aufstandes besuchte Willy Brandt – mittlerweile nicht mehr Bundeskanzler – wieder die polnische Hauptstadt. Er war dort nach diesem unvergessenen symbolischen Akt, der als Markstein der deutschen Nachkriegsgeschichte gilt, auch als SPD-Parteichef ein hochgeehrter Gast. Diesmal war Brandt sozusagen als Gut-Wetter-Macher vor dem Besuch von Bundeskanzler Helmut Schmidt nach Polen gereist. Denn politischer Hickhack hatte die guten Beziehungen zwischen der Bundesrepublik und Polen inzwischen getrübt. Unter anderem forderten die Polen mehr wirtschaftliche Unterstützung von der Bundesrepublik.

Willy Brandt gelang es, die unausgesprochenen und ausgesprochenen Unzufriedenheiten der Polen mit den Westdeutschen abzubauen. In seiner Tischrede in Warschau erklärte er: »Mich bewegt derselbe Geist, der mich 1970 bewegte. Ich habe von keinem Buchstaben etwas abzustreichen. Ich hätte heute höchstens etwas hinzuzufügen. Wenn ich als erwachsener Mann nichts anderes zu tun gehabt hätte, als an der Aussöhnung unserer beider Nationen mitzuarbeiten, dann würde ich meinen, als Politiker nicht vergebens gelebt zu haben.« An die Unzufriedenen gewandt ergänzte er dann: »Ich kann jedoch nicht jenen politischen Freunden zustimmen, die da meinen, das Glas sei halb leer. Ich sage: Es ist halb voll!«

WELTPOLITIK

Einige Zeit später trat Willy Brandt auch als Vorsitzender der SPD zurück. Und auch dieses Mal erklärte er: »Ich habe innerlich abgeschlossen. Ich verlasse die Brücke, aber ich gehe nicht von Bord.« Er wurde Vorsitzender der Nord-Süd-Kommission und musste sich mit dem Armutsgefälle zwischen reichen Wirtschaftsnationen und den schwächeren Ländern befassen. Damals warnte Willy Brandt, und wieder klangen seine Worte visionär, und wieder ist das, was er befürchtete, längst eingetroffen: »Auch angesichts der beängstigenden Vorhersagen über Wanderungsbewegungen, die unsere politischen Systeme vor Zerreißproben stellen würden, dürfen wir in Europa nicht durch Nachlässigkeit neue Gräben aufreißen. Mit meiner Vorstellung von einem weltoffenen Europa würde sich Abschottung wahrlich nicht vereinbaren lassen ...«

NICHT SO ERNST NEHMEN

Andere politische Ämter blieben nicht aus. Willy Brandt wurde in Genf zum Vorsitzenden der Sozialistischen Internationalen (SI), der traditionsreichen Arbeitsgemeinschaft sozialistischer Parteien aus 33 Ländern, gewählt. Kurz nach seiner Wahl musste er wieder für seinen Nachfolger im Bundeskanzleramt die Wogen glätten. In einer Resolution der Internationalen war »vom offenkundigen Versagen des internationalen Kapitalismus« die Rede gewesen. Diesen Satz nahm Helmut Schmidt doch ernster, als er es selbst wahrhaben wollte. Vor einem kleinen Journalistenzirkel erklärte er aufgebracht, die Resolution der SI nähme er genauso wenig ernst wie das, was die Genossen in der Bundesrepublik fertigbrächten.

Wie ernst er sie tatsächlich nahm, zeigte danach sein höchstpersönlicher Auftritt in Genf. Zehn Minuten las Bundeskanzler Schmidt dem Auditorium die Leviten. Die Genossen, die über die Krise des Kapitalismus redeten, sollten doch lieber erst mal ihre eigenen Länder in Ordnung bringen. Anschließend hatte der neu gewählte Vorsitzende große Mühe, die aufgebrachten Genossen zu beruhigen. Der österreichische Ministerpräsident Bruno Kreisky fauchte: »Ist der überhaupt noch ein Sozialist?« Und Hollands Ministerpräsident Joop den Uyl schimpfte: »Es geht doch hier nicht um mehr Ideologie, sondern um mehr Gerechtigkeit!« Brandt bemühte sich, die Wogen zu glätten, und hob schließlich resignierend die Schultern: »Ihr kennt den doch!«

Willy Brandt selbst war oftmals die nicht enden wollenden Palaver um schriftliche Erklärungen und politische Richtungen leid. Bei einer Tagung der Sozialistischen Internationalen 1983 in Brüssel verließ ihr Präsident nach stundenlanger Debatte kurz vor Schluss der Sitzung den Tagungsraum. Draußen seufzte Brandt: »Ich habe mich mit der Bemerkung empfohlen: Sollte der Sozialismus einmal sterben, dann entweder den Papier- oder den Sitzungstod.«

NOCH GUT ZU GEBRAUCHEN

Zum 75. Geburtstag von Willy Brandt hatte Bundespräsident Richard von Weizsäcker in die Villa Hammerschmidt geladen. Bei dieser Gelegenheit sprach der Christdemokrat voller Bewunderung von Willy Brandt. Und nicht nur bei dieser Gelegenheit. So sagte von Weizsäcker einmal: »Willy Brandt half uns zu verstehen, dass unser Wohlstand uns nicht nützt, wenn wir nicht lernen, anderen zu menschenwürdigen Lebenschancen zu verhelfen.«

Zu besagtem Essen erschienen beachtlich viele Staats- und Regierungschefs und andere bedeutende Persönlichkeiten der Zeitgeschichte. In seiner Ansprache bedankte sich Brandt für die Aufmerksamkeiten und meinte am Ende lächelnd, die Rede des Bundespräsidenten sei noch gut für den Nachruf zu gebrauchen.

Willy Brandts langjähriger Mitarbeiter und Freund Egon Bahr ergänzte nachdenklich: »Es ist schon selten, dass jemand von seinem Staatsoberhaupt ein Stück bleibende Würdigung im Voraus erhält.«

GENESUNGSWÜNSCHE

Im Mai 1992 musste Willy Brandt überraschend ins Krankenhaus. Seine Freunde machten sich Sorgen, und Bürger schickten Blumen in die Kölner Universitätsklinik oder in sein Haus in Unkel am Rhein.

Funda Yüksel, ein 13-jähriges türkisches Mädchen, brachte einen Strauß Pfingstrosen ins Krankenhaus mit den Worten: »Meine Mutter hat mir erzählt, dass Herr Brandt als Bundeskanzler einmal gesagt hat, dass Türken in Deutschland Landsleute sind. Ich wurde hier in Köln geboren.«

VERMÄCHTNIS

Bis zuletzt hatte Willy Brandt geglaubt, dass er bei seinem Abschied als Vorsitzender der Sozialistischen Internationalen selbst dabei sein könnte. Er hatte diesen 19. Kongress in das wiedervereinigte Berlin geholt. 16 Jahre war er Präsident der SI gewesen. Seine Abschiedsrede sollte nun sein politisches Vermächtnis werden.

Der Krebs machte ihm einen Strich durch die Rechnung. SPD-Chef Jochen Vogel musste Brandts Rede in Berlin vorlesen. Trotzdem wurde Brandts Botschaft der Mittelpunkt des Kongresses. Unvergessen werden diese Sätze bleiben: »Wer Unrecht lange geschehen lässt, bahnt dem nächsten den Weg.« Und etwas weiter: »Unsere Zeit allerdings steckt, wie kaum eine zuvor, voller Möglichkeiten – zum Guten und zum Bösen. Nichts kommt von selbst. Und nur wenig ist von Dauer. Darum – besinnt euch auf eure Kraft und darauf, dass jede Zeit eigene Antworten will und man auf ihrer Höhe zu sein hat, wenn Gutes bewirkt werden soll.«

NACHRUFE

Helmut Kohl sagte: »Willy Brandt sah es als seine Aufgabe an, Brücken zu bauen – Brücken über Mauern und Stacheldraht hinweg.«

Richard von Weizsäcker sagte: »Kaum etwas trug so sehr zu dem Vertrauen bei, das er gewann, wie seine Behutsamkeit im Umgang mit der Macht. Sein Verhältnis zu ihr war intensiv und nachdenklich zugleich. (…) Das Leben eines Großen hat sich vollendet. Er hat seine Epoche geprägt. Er war ein Versöhner der Deutschen mit sich selbst. Er hat das Verhältnis der Deutschen zur Welt wie auch der Welt zu Deutschland verändert. So wurde er zu einer geschichtlichen Gestalt unseres Jahrhunderts.«

Felipe González, lange Jahre spanischer Ministerpräsident und ein guter Freund Willy Brandts, sagte: »Deutscher bis ins Mark, Europäer aus Überzeugung und Weltbürger aus Berufung.« Und er sagte: »Du bist immer, es ist wahr, ein Mann mit festen Überzeugungen gewesen, aber auch immer aufgeschlossen für neue Ideen, sinnreiche Gedanken und für die scheinbar unerreichbaren Horizonte. Nur die Resignation kann uns zurückwerfen, sagtest du, nie die Schwierigkeit.«

Und die Londoner *Times* schrieb: »Er ist ein guter Deutscher, ein guter Europäer und – soweit man ein solches Wesen definieren kann – ein guter Weltbürger.«

Der demokratische Kanzlerrasen

Am 24. Oktober 1969 um 15.45 betrat Willy Brandt das Kanzleramt. Es war sein erster Arbeitstag als Bundeskanzler der Bundesrepublik Deutschland. Zuvor war er im Bundestag mit drei Stimmen Mehrheit gewählt worden. Er hatte zwei Stimmen mehr bekommen als Konrad Adenauer bei seiner ersten Kanzlerwahl.

Seine Frau Rut beobachtete die Abstimmung von der Diplomatentribüne aus und stand dann auf, um hinunter ins Plenum zu blicken. Strahlend kehrte sie an ihren Platz zurück: »Ich habe es den Gesichtern der Abgeordneten angesehen, dass er gewonnen hat.« Nach der Verkündung des Ergebnisses ließ sie sich mit dem Dienstwagen ins nächste Blumengeschäft fahren. Im SPD-Fraktionssaal, wo die Genossen Brandt dann feierten, überreichte sie ihm still einen bunten Strauß. Etwas später nach ihren Gefühlen befragt, antwortete sie ehrlich: »Ich brauche das nicht zu meinem Glück.« »Und er?«, wurde sie weiter gefragt. »Ja, deswegen machen wir ja alle mit. Die ganze Familie.«

Nun also trat Willy Brandt in die aufgeräumte Stille des Kanzlerarbeitszimmers im Palais Schaumburg. Er setzte sich hinter den imitierten Barockschreibtisch, auf den Sessel, auf dem auch Konrad Adenauer gesessen hatte.

Seine erste Amtshandlung war es, das »Park-Verbot« für die Amtsangehörigen aufzuheben. Adenauer hatte befürchtet, dass die exotischen Pflanzen im Park des Palais beschädigt würden. Brandt erlaubte nun den Mitarbeitern des Kanzleramts, in dem schönen Garten spazieren zu gehen.

Man sagte in Bonn, mit Willy Brandt sei die Ära Adenauer endgültig zu Ende gegangen. Aber der Gärtner hat ihm noch die gleichen Rosen hingestellt wie dem Rosenfreund Adenauer.

RASENPARTY

»Mehr Demokratie wagen«, war Willy Brandts Devise. 1973 luden er und seine Frau Rut Gäste aus allen Bevölkerungskreisen zu einer Gartenparty in den Park des Palais Schaumburg ein. »Es hat vor dem Fest Bedenken wegen des schönen Rasens hier gegeben«, begrüßte der Kanzler seine Gäste. »Er wird morgen früh einen melancholischen Eindruck machen. Aber wir wissen: Auch darüber wird Gras wachsen.« Und so habe er sich, sagte er seinen Gästen, nicht von seinem Plan abbringen lassen, viele Menschen in den von Bundeskanzler Adenauer einst so gehegten Park des Kanzleramts zu lassen. Fröhlich forderte Willy Brandt nun seine Gäste auf: »Mehr Demokratie! – Also, rauf auf den Rasen! Der Rasen ist da, um betreten zu werden!«

IM ZOO

Die Anerkennung der DDR als Staat war ein heiß diskutiertes und heikles politisches Thema in den 70er-Jahren und führte damals zu dem merkwürdigen politischen Sprachgebrauch von der »sogenannten DDR«. So wurde Bundeskanzler Brandt Ende 1970 öffentlich gefragt, wie denn er zur Anerkennung des zweiten deutschen Staates stünde. Er antwortete: »Ich möchte es sagen, wie es mein britischer Freund Wilson definierte.« Und dann zitierte er den ehemaligen britischen Premier mit folgenden Worten: »Wenn ich in den Zoo gehe und einen Elefanten sehe, dann erkenne ich an, dass es sich um einen Elefanten handelt, ohne ihm die persönliche und feierliche Anerkennung als Elefant auszusprechen.«

NOBELPREIS FÜR TRÄUMER

Willy Brandt wurde 1971 der Friedensnobelpreis für seine west-östliche Verständigungspolitik verliehen. In seiner Ansprache anlässlich der Preisverleihung erinnerte der Bundeskanzler an den Stifter des Preises, Alfred Nobel. Als dieser sein Testament machte, habe er gesagt, einem homme d'action würde er nichts hinterlassen, denn dieser würde dadurch in Versuchung kommen, mit dem Arbeiten aufzuhören. Dagegen möchte er gerne Träumern helfen, die es schwer haben, sich im Leben durchzusetzen.

»Mir steht kein Urteil zu«, meinte der als Visionär geltende Brandt, »ob das Nobelkomitee die richtige Wahl getroffen hat. Man muss nur wissen: Politische Träume kann ich mir

kaum noch leisten, und mit der Arbeit möchte ich noch
nicht aufhören.«

KNIEFALL

Willy Brandt war kein Mann großer Worte. Seinen Kniefall
vor dem Ghetto-Mahnmal bei seinem Besuch in Warschau
hatte seine Frau Rut, wie viele andere Menschen auch, am
Fernseher live miterlebt. Und wie viele Menschen war auch
sie sehr beeindruckt.

Freunden sagte sie: »Aber es war mir wichtig zu wissen, ob
es eine spontane oder eine vorher überlegte Geste war, und
ob er nicht anders gekonnt hat an diesem Ort.« Entsprechend lautete ihre Frage nach seiner Rückkehr.

Willy Brandt antwortete schlicht: »Irgendetwas musste man
tun.«

NOCH EINE!

Der Abschluss der Ostverträge war ein Markstein der Regierungszeit Brandts. Die Opposition und vor allem die kalten
Krieger verlangten immer neue Interpretationen und Zusi-
cherungen. Brandt spottete über dieses politische Theater:
»Das erinnert an jene Bremer Bürger, die 1918 vors Rathaus
zogen und die Ausrufung der Republik forderten. Als man
ihnen sagte, sie hätten doch schon eine Republik, riefen sie
zurück: ›Dann wollen wir noch 'ne Republik!‹«

SO VIEL DUMMHEIT

1973, als es schon ein Fortschritt war, wenigstens eine Ministerin im Kabinett zu haben, konnten Journalisten noch, ohne Empörung bei den Frauen auszulösen, den Bundeskanzler fragen, ob er sich auch eine Bundeskanzlerin vorstellen könne. »Warum eigentlich nicht?«, fragte Willy Brandt zurück, der sich auch für eine Frauenquote in seiner Partei eingesetzt hat. »Aber die Frauen sind bei uns politisch noch zu reserviert. Nicht nur, weil sie von den Männern geduckt werden, sondern aus Angst, sie könnten etwas Dummes sagen.« Und dann schloss er einsichtsvoll: »Als ob die Männer nicht schon alles Dumme auf dieser Welt gesagt hätten!«

WER SOLL DAS BEZAHLEN?

Es ging um die Sicherung der Ostgrenzen im geteilten Deutschland. Zwischen Bonn und Washington wurde um die Stationierung amerikanischer Truppen in der Bundesrepublik gepokert. Da fragten einige Journalisten den Bundeskanzler, ob die Deutschen denn nicht die ganze Rechnung für die in der Bundesrepublik stationierten Truppen übernehmen sollten. Darauf Willy Brandt trocken: »Ich nehme nicht an, dass die USA Soldaten verkaufen wollen.«

STÖRENFRIEDE

Die Einigung Europas führte schon immer zu heftigen Debatten im Bundestag. Willy Brandt, der als großer Europäer in die Geschichte eingehen sollte, sprach bei einer solchen Debatte im Bundestag und wurde ständig von der Opposition durch laute Zwischenrufe gestört. Schließlich unterbrach der Bundeskanzler aufgebracht seine Rede und meinte in Richtung der Störenfriede: »Was heißt hier ›Aha‹? Das sind mir schöne Europäer, die hier ›Aha‹ rufen. Das ist nämlich ein antieuropäisches ›Aha‹!«

CONNYS SCHWÄCHE

Gutmütig war Willy Brandts Spott und nie verletzend. Er lachte gerne und lockerte manch ernste oder verbissene politische Situation durch einen passenden Witz auf. In seiner ersten Amtsperiode als Bundeskanzler war der einstige *Spiegel*-Redakteur Conrad Ahlers sein Regierungssprecher. »Conny« pflegte einen guten Kontakt zu den Bonner Journalisten. Seine Interpretationen politischer Ereignisse waren offen und oft auch von den eigenen Einschätzungen des ehemaligen *Spiegel*-Mannes geprägt. Brandt, der diese Schwäche seines engen Mitarbeiters kannte, kommentierte diese einmal aus gegebenem Anlass lächelnd: »Conny macht häufig den Eindruck, dass seine eigenen Ideen besser sind als meine, was in vielen Fällen stimmt, aber nicht immer.«

LÖSUNGSVORSCHLAG

Wie immer kritisierte die Opposition die Berlin- und Ostpolitik der Bundesregierung. Im Frühjahr 1971 fand der CSU-Vorsitzende Franz Josef Strauß, der Bundeskanzler kümmere sich zu wenig um China. Über seine Berlin-Politik vergesse er die Kontakte zu Peking. Darauf spottete Willy Brandt: »Ich bewundere die Wendigkeit des Herrn Strauß, der wohl anzunehmen scheint, er könne auf dem Wege über Formosa das Berlin-Problem in Peking lösen.«

SELBST IST DER KANZLER

Andererseits mischte sich Willy Brandt als ehemaliger Journalist auch gerne in das Handwerk der schreibenden Zunft ein. Natürlich verfügte er als Kanzler für seine zahlreichen Reden über Ghostwriter, darunter namhafte Schriftsteller wie Günter Grass und Klaus Harpprecht. Trotzdem schrieb er seine wichtigsten Reden oft selbst oder formulierte ganze Passagen neu. Brandt berichtete über den Frust seiner Redenschreiber: »Meine Mitarbeiter im Kanzleramt verbuchen es schon als Erfolg, wenn ich in ihren Textentwürfen nur 50 % verbessert habe.«

Zum 20. Todestag des ersten SPD-Vorsitzenden nach dem Zweiten Weltkrieg, Kurt Schumacher, schrieb SPD-Chef Brandt eine Rede während seines Sommerurlaubs in Norwegen.
Nachdem der oberste Werbechef der SPD, Albrecht Müller, diese Rede gelesen hatte, erkundigte er sich im Vorzimmer

Brandts: »Wer hat dem Bundeskanzler diese ausgezeichnete Rede gemacht? Den Mann brauche ich unbedingt für den Bundestagswahlkampf!« Willy Brandt hörte davon und freute sich: »Da soll der Müller sich mal an seinen Parteivorsitzenden wenden.«

STREIKBRECHER

Es war nicht der erste Ehrendoktortitel, den Willy Brandt erhalten hat. An der amerikanischen Universität Yale aber sollte das geschehen, als dort gerade die Reinigungskräfte streikten.

Als der Bundeskanzler das Universitätsgelände betreten hatte, wurde er davon informiert, dass die Streikenden ihn zum »Streikbrecher« erklärten. Daraufhin zeigte sich Brandt sehr erstaunt und meinte: »Mir ist nicht klar, wieso. Ich wollte in Yale doch gar nicht als Tellerwäscher tätig werden!«

PREISVERPFLICHTUNG

Nach der Verleihung des Friedensnobelpreises an den deutschen Bundeskanzler wollte der bekannte Journalist und Autor Hermann Schreiber von diesem wissen, welche Verpflichtungen sich aus dieser hohe Ehre ergeben würden. Darüber lachte Brandt: »Ich werde in Zukunft bei manchen Texten etwas vaterländischer formulieren müssen.«

Ein Parteifreund hörte diese Bemerkung und forderte Brandt auf, in Zukunft die Opposition schärfer zu attackieren. Darauf belehrte ihn Willy Brandt ironisch: »Mein Lieber, damit habe ich nichts mehr zu tun. Ich bin nur noch zuständig für große Dinge, für Frieden und so.«

SEX-APPEAL

Die Große Koalition unter dem CDU-Politiker Kurt Georg Kiesinger, wegen seiner Rednergabe »König Silberzunge« genannt, ging der Regierung Brandt voraus. Die beiden Chefs der gerade gebildeten Koalition, Kiesinger und Brandt, besuchten um der guten Verständigung willen nun gegenseitig die Fraktion des anderen. Nachdem Kiesinger vor der SPD-Fraktion aufgetreten war, stattete der Vizekanzler der CDU/CSU den Gegenbesuch ab.
»Wenn die Erklärung des Sprechers im Fernsehen vom vergangenen Donnerstag richtig wäre«, begann Willy Brandt dort seine Rede, »dann müsste ich heute in Marokko sein. Aber ich habe nicht den Eindruck, vor Mohammedanern zu stehen.« Die versammelten Christdemokraten und Christlich-Sozialen lachten schallend.

Als Vizekanzler packte Willy Brandt manchmal die Ungeduld über die Dauer der Entscheidungsprozesse in der Großen Koalition. »Die Dinge bleiben so lange liegen, bis sie ihren politischen Sex-Appeal verloren haben«, antwortete er daher einmal auf die Frage eines Journalisten.

SYMPATHIEKUNDGEBUNGEN

Das konstruktive Misstrauensvotum im April 1972 war eines der einschneidendsten Ereignisse während Willy Brandts Kanzlerschaft. Der CDU/CSU-Fraktionschef Rainer Barzel versuchte, selbst als Kanzler an die Macht zu kommen durch das Abwerben einiger Stimmen von der FDP, dem Koalitionspartner der Regierung Brandt.
Bei der deutschen Bevölkerung lösten übrigens diese Manöver der Opposition Empörung aus – und spontane Sympathiekundgebungen für Willy Brandt. Die Erinnerung an dieses Misstrauensvotum führte einige Zeit später sicherlich auch zu dem überwältigenden Sieg Willy Brandts bei den darauffolgenden Wahlen.

Im April 1972 aber packten die Mitarbeiter im Kanzleramt schon ihre Akten ein. Nur Brandt blieb gelassen. Als nach der Stimmabgabe im Bundestag wegen der namentlichen Abstimmung alle warten mussten, bis ausgezählt war, ging er auf SPD-Schatzmeister Alfred Nau zu mit den Worten: »Alfred, du könntest eigentlich, während wir auf das Ergebnis warten, einen ausgeben, weil die Partei in den letzten Tagen einige Tausend neue Mitglieder gewonnen hat!«

WEIHNACHTSLEKTÜRE

Auch in der SPD wurde Willy Brandt oft das Leben schwer gemacht. SPD-Fraktionschef Herbert Wehner, die Graue Eminenz der Partei, vor der sich viele Sozialdemokraten fürchteten, kritisierte immer wieder spektakulär den Bundeskanzler und sein Regierungsteam. Im *Vorwärts*, der Parteizeitung der SPD, monierte »Onkel Herbert« 1971 kurz vor Weihnachten den mangelnden Mannschaftsgeist im Bundeskabinett. Natürlich wurde der Kanzler daraufhin sofort von Journalisten nach seiner Meinung zu dieser Kritik des Partei-»Freundes« befragt. SPD-Chef Brandt blieb, wie so oft, gelassen. »Ich habe den Artikel noch nicht gelesen.« Dann ergänzte er hintergründig lächelnd: »Ich habe ihn beiseitegelegt. Und an Heiligabend, wenn ich nicht ins Büro gehe, gehört er zu den Sachen, die ich mir genau anschauen werde. Aber nicht abends, wenn der Weihnachtsbaum angezündet wird, sondern vorher.«

Des Kanzlers neue Kleider

GUTE VORAUSSETZUNGEN

Es ist nicht immer einfach, für alle Gelegenheiten, die das internationale Protokoll vorsieht, richtig gekleidet zu sein. Willy Brandt brachte anscheinend gute Voraussetzungen dafür mit, denn er wurde immerhin einmal zum deutschen »Krawattenmann des Jahres« gekürt, und er hatte eine elegante Frau an seiner Seite, die bei vielen Anlässen – sowohl in Berlin wie auch später in Bonn – als »gut gekleidet« galt.

Es wird erzählt, dass Brandt, nicht anders als viele Männer, beim Verlassen des Hauses das neue Kleid seiner Frau nicht wahrnahm. Sie dafür begutachtete stets seine Garderobe genau. So tadelte sie zum Beispiel einmal den Smoking: »Willy, man sieht hinter dem Kragen die Schleife.« Er darauf ungerührt: »Das muss so sein.« Sie, um das letzte Wort zu behalten: »Dann gib mir wenigstens die Brille, die aus der Brusttasche schaut.«

PRAKTISCHE SACHEN

Rut Brandt kaufte ihrem Mann gerne praktische Sachen. Einen Pullover, Krawatten oder Schuhe. In Garderobefragen beriet sie ihn sowieso.

Aber er war dabei nicht abhängig von ihr. Sonst wäre der Außenminister ja wahrscheinlich auch nicht 1967 »Krawattenmann des Jahres« geworden. Die Begründung des Deutschen Krawatteninstituts lautete: »Der Bundesaußenminister zählt zu den Männern, die ihre Krawatte jeden Morgen ganz bewusst auswählen und nicht einfach irgendeine umbinden.«

EINKÄUFER

Brandt wählte seine Schlipse aber nicht nur aus, sondern kaufte sie sich auch selber. So betrat er wieder einmal ein Krawattengeschäft. Eine hübsche Verkäuferin breitete eine ganze Kollektion vor ihm aus und fragte ihn, woran der Minister bei diesem Einkauf denke. Willy Brandt lächelte charmant, zeigte auf ein paar Exemplare und antwortete: »Das kann ich Ihnen genau sagen, nur weiß ich nicht, ob Sie meinen Geschmack teilen.« Die Verkäuferin errötete und hauchte: »Ja, Herr Minister, ohne Gegenstimme.«

SERVICE

Lästig waren sie trotzdem, die täglichen Garderobefragen, und jede Hilfe dabei wurde voller Freude angenommen. Beim Besuch in Wien wohnte Willy Brandt im »Imperial«. Beim Empfang des deutschen Botschafters lobte der Bundesaußenminister seinem österreichischen Kollegen gegenüber die Hotelbedienung in den höchsten Tönen:

»Großartig, die haben mir alles für den heutigen Abend auf einem stummen Diener zurechtgelegt: Smoking, Hemd, Manschettenknöpfe, Strümpfe, Schuhe. Und obenauf lag ein Zettelchen angeheftet: ›Mascherl fehlt!‹ Denn nur die Smokingschleife hatten sie in meinem Reisegepäck nicht finden können …«

UMFRAGE

Über eine Zeitungsumfrage 1965 bei prominenten deutschen Politikern machte sich Willy Brandt offenbar lustig. »Welches Foto von sich halten Sie für das beste?«, wurde er da gefragt. Seine Antwort lautete: »Ein Bild, das meine Frau und mich in einem Laden beim Kauf eines Oberhemdes zeigt.«

BEQUEM

Willy Brandt wurde 1961 Ratgeber für bequeme Hauskleidung für den amerikanischen Vizepräsidenten Lyndon B. Johnson. Als Johnson Gast im Haus des Berliner Bürgermeisters war, bewunderte er ausgiebig dessen bequeme Hausschuhe. Bald nach der Rückkehr des Vizepräsidenten traf in Washington ein Päckchen aus Berlin ein. Es war ein Geschenk der Familie Brandt. In dem Päckchen befanden sich mehrere Paare Pantoffeln, denn Johnson hatte verschieden große Füße.

Seitdem pflegte Lady Bird Johnson Freunden zu erklären: »Wenn sich mein Mann zum Pantoffelhelden entwickelt hat, so verdanken wir das Willy Brandt.«

KOPFBEDECKUNG

Andere Zeiten, andere Sitten. In den 60er-Jahren trug man in der Bundesrepublik noch Hut, auch im Wahlkampf. 1961 hatte Willy Brandt dabei immerhin vier Hüte verbraucht. Vier Jahre später fragte der Reporter einer Illustrierten den Wahlkämpfer: »Was schätzen Sie, wie viele werden es diesmal sein?« Brandt legte daraufhin Rechenschaft über seine Wahlkampfhüte ab:

»Zunächst, die Hüte von damals sind, bis auf einen, wieder zu Ehren gekommen. Sie wurden aufgearbeitet. In diesem Wahlkampf nun stellt sich das Problem ein bisschen anders, denn ich trage keinen Homburg mehr wie damals. Ich glaube, die normalen Kopfbedeckungen, die ich jetzt trage, halten länger.«

Der Reporter fragte weiter: »Findet denn eine Rückentwicklung statt? 1961 witzelten wir Journalisten doch noch, die SPD habe von der revolutionären Ballonmütze zum bürgerlichen Homburg gefunden?«

Willy Brandt lachte und rückte die Dinge wieder gerade: »Nun, mit dem Homburg ist das bei mir so gekommen: Als ich 1955 Präsident des Berliner Abgeordnetenhauses geworden war, gehörte das zur Respektabilität. Ein relativ junger Präsident unter den älteren Herren, der musste im Homburg gehen, sonst wäre er als zu salopp erschienen. Das habe ich nun nicht mehr nötig. Ich bin auch schon etwas älter geworden. Jeder weiß, dass ich mich benehmen kann. Ich kann jetzt sogar ohne Hut gehen.«

WORAUF ES ANKOMMT

Auf einer Wahlkampfreise durch das ländliche Schwaben beschmutzte sich der SPD-Vorsitzende auf einem lehmigen Weg die Schuhe derart, dass er sich für die nächste Kundgebung von einem örtlichen Parteifreund ein paar Halbschuhe ausleihen musste. Während Willy Brandt seine Wahlrede hielt, polierte sein Fahrer die verschmutzten Schuhe auf Hochglanz. Vor seiner Weiterfahrt schlüpfte der SPD-Vorsitzende wieder in die eigenen gesäuberten Schuhe. Ein Journalist beobachtete diese Szene und versuchte, witzig zu sein: »Herr Regierender Bürgermeister, Christus ging barfuß über das Meer. Er brauchte keine Schuhe!« Willy Brandt konterte: »Glauben Sie, dass es auf die Schuhe ankommt?«

VERWECHSLUNG

Bundesaußenminister Brandt, Staatssekretär Klaus Schütz und Sonderbotschafter Egon Bahr flogen im Februar 1967 zusammen nach Berlin. Sie verstauten ihre Mäntel – in Farbe und Schnitt zum Verwechseln ähnlich – im Gepäckkasten. Nach der Landung gab es ein kleines Geplänkel zwischen Schütz und Bahr, die sich nicht einigen konnten, wem welcher Mantel gehörte, bis Brandt laut feststellte: »In meinem Mantel steht Müller!« Verblüffung bei Staatssekretär und Botschafter. Woraufhin Brandt erklärte: »So heißt mein Schneider.«

ZU WENIG HOSENTRÄGER

Selbst ein »Krawattenmann« kann mal Pech haben. Der *Stern* veröffentlichte ein Brandt-Foto vom Bonner Diplomatenball 1968, das diesen in schlotternden Smokinghosen und alten Schuhen beim Tanzen mit der Botschafterin von Ghana zeigte. Als er das unvorteilhafte Bild sah, erkundigte er sich bei seiner Frau: »Was war da eigentlich los?« Rut Brandt erklärte es ihm: »Das ging damals so schnell. Du musstest vom Amt direkt zum Ball und hast weder neue Schuhe angezogen noch Hosenträger dabeigehabt. Und wenn dann Schwarz und Weiß zusammen tanzen, kommt das dabei heraus.«

Das Foto, das natürlich in vielen Zeitungen abgedruckt worden war, löste eine kleine Lawine der Hilfsbereitschaft und Solidarität aus. Aus allen Teilen der Bundesrepublik kamen Hosenträger für Willy Brandt in Bonn an. Auf dem »Bunten Abend« des SPD-Parteitages in Nürnberg bedankte sich der SPD-Vorsitzende bei den Spendern und verkündete: »Ich werde ein Paar behalten und die übrigen – es sind 19 – an Bedürftige weitergeben. Also, wer Hosenträger braucht …« Schon nach wenigen Tagen hatten sich 489 Bittsteller im Auswärtigen Amt und bei der Bonner SPD-Zentrale gemeldet. SPD-Schatzmeister Alfred Nau zeigte sich großzügig. Er kaufte 470 Paar Hosenträger zum Stückpreis von 3 Mark 80. Brandt resümierte etwas später: »Damit konnten wir dann alle Interessenten bedienen.«

FLEXIBLE KLEIDERORDNUNG

Die Kleiderordnung ist eine Sache, Zeit dafür und die nötigen Kenntnisse die andere. So greift im Eifer des Gefechts auch einmal ein Kanzler daneben. Zur Vorstellung und Ernennung seines zweiten Kabinetts erschien Willy Brandt in einer auffälligen Aufmachung. Statt des von der Kleiderordnung vorgeschriebenen Cutaways trug Brandt zur gestreiften Cut-Hose eine Frackjacke. Doch er nahm seinen Fauxpas mit Humor. Seinen Kritikern gegenüber stellte er später fest: »Das war ein Frackaway!«

Außenpolitik: »Wenn du mich frisst, musst du die Tischrede halten!«

EINE ILLUSION

Als Willy Brandt im Dezember 1966 als Bundesaußenminister seine Ernennungsurkunde erhalten hatte, kehrte er am späten Abend in das Gästehaus des Landes Berlin zurück, sein damaliges Bonner Quartier. Erschöpft und unendlich müde von den tage- und nächtelangen Koalitionsverhandlungen äußerte er nur noch einen einzigen Wunsch: »Ausschlafen! Ich möchte nur geweckt werden, wenn irgendwo ein Krieg ausbricht.«

Diese tagelangen Anstrengungen erklären auch eine Illusion, die er über sein neues Amt hegte. Bei seiner Einführung erklärte er nämlich seinen Beamten, er werde ein Außenminister sein, der nicht so viel reise. Diese Illusion machte er sich wohl auch, weil er das Fliegen nicht besonders schätzte und dabei auch immer wieder unangenehme Zwischenfälle erlebte. »Es gibt ja auch sehr viel Arbeit, die ein Außenminister am Schreibtisch machen muss«, setzte er diesen Gedankengang fort. Er erkannte dann aber, wie er anschließend berichtete: »Da standen die Herren des Auswärtigen Amtes vor mir im Großen Sitzungssaal. Sie sind alle so gut erzogen, dass sie nicht einmal den Mundwinkel verzogen haben. Sicher dachten sie aber alle: Lass den mal reden, er wird schon bald merken, dass auch er viel reisen muss.«

ANTRITTSBESUCH

Bald darauf machte der Außenminister seinen Antrittsbesuch mit entsprechender Begleitung, auch von einigen Journalisten, im befreundeten Frankreich. Auf dem Rückflug von Paris, kurz vor der Landung in Bonn fragte ihn *Spiegel*-Reporter Hermann Schreiber: »Was werden Sie nun den Journalisten auf dem Flugplatz sagen?«
Willy Brandt überlegte einen Augenblick, dann lachte er: »Ich hab's! Mir fallen eben meine friesischen Freunde ein. Da kann man hinkommen und noch so hinreißend reden – die sagen höchstens: Tscha, das war man gar nicht so schlecht!«

CHARAKTER DES AUSWÄRTIGEN AMTES

In seiner behutsamen Art sagte der neue Bundesaußenminister bei seiner Amtseinführung: »Ein Teil der Schwierigkeiten dieses Amtes besteht darin, dass es zu viele Leute gibt, die glauben, von der Außenpolitik etwas zu verstehen, und dass es wohl zu wenige gibt, die etwas vom Charakter dieses Amtes verstehen.« Und selbstkritisch fügte Willy Brandt hinzu: »Ich gehöre zu den ersten vielen, ohne mich schon zu den wenigen Letzteren zählen zu können.«

IMMER WIEDER TISCHREDEN

Bundeskanzler Kiesinger und Bundesaußenminister Willy Brandt reisten zu politischen Gesprächen nach Washington. Nach zwei Unterredungen des Bundeskanzlers mit US-Präsident Johnson trafen sich die Außenminister Dean Rusk und Willy Brandt, um ihrerseits über die wenig rosige Weltlage zu beraten.

Am Abend, bei einem Essen im State Department, scherzte Brandt dann in seiner Tischrede: »Clemenceau hat gesagt, der Krieg sei eine viel zu ernste Sache, um ihn allein den Generalen zu überlassen. Ich finde, die Außenpolitik ist fast eine zu ernste Sache, um sie anderen Leuten als Außenministern zu überlassen.«

UND NOCH EINE

Immer wieder flocht der Bundesaußenminister bei seinen zahlreichen Tischreden Witze ein, um die Stimmung aufzulockern. So gab er einmal diese Geschichte weiter, die ihm ein türkischer Politiker erzählt hatte:

Im alten Rom, zu Neros Zeiten, wird ein Sklave zum Kampf mit einem Löwen in die Arena geschickt. Nach einem ersten Anlauf verkriecht sich der Löwe ängstlich in eine Ecke. Der Kaiser ist verwundert und glaubt, der Sklave verfüge womöglich über überirdische Kräfte. Er lässt ihn also rufen und fragt ihn: »Was hast du mit dem Löwen gemacht?« Der arme Teufel antwortet noch zitternd: »Nichts Besonderes, Majestät. Ich habe ihm nur ins Ohr geflüstert: Wenn du mich frisst, musst du die Tischrede halten!«

VERSTÄNDIGUNGSPROBLEME

Einmal stellte Willy Brandt bei einem Treffen mit seinem französischen Kollegen Maurice Couve de Murville seinen Dolmetscher vor ein besonders schwieriges Problem. In seiner Tischrede richtete er an die Franzosen die Bitte, die Gespräche zwischen Bonn und Paris sollten »ohne Schmus« geführt werden. Die Dolmetscher vom Auswärtigen Amt und vom Quai d'Orsay steckten die Köpfe zusammen und berieten: Was heißt »Schmus« auf Französisch? Dann hatten sie die Lösung gefunden: »Blabla.«

PAPIERKRIEG

Nicht nur Tischreden, auch umfangreiche Papiere gehören zu den Konsultationen zwischen Staaten. Der Bundesaußenminister studierte einmal ein besonders umfangreiches Schriftstück. Als Absender zeichnete die Regierung eines sehr kleinen europäischen Staates. Nachdem sich Willy Brandt durch die vielen Seiten durchgearbeitet hatte, übergab er das Schriftstück einem Mitarbeiter und meinte: »Je kleiner die Länder, desto größer die Dokumente.«

RAVENSBURG UND DER STURM IM WASSERGLAS

Ausgerechnet vor einem bedeutenden deutsch-französischen Treffen in Paris mit gewaltigem Gepränge und großen Delegationen platzte eine »Bombe« aus Ravensburg in das so sorgsam gehütete gute Klima zwischen den einstigen Feindstaaten. Willy Brandt, der eine Rede vor dem baden-württembergischen Landesparteitag in Ravensburg gehalten hatte, wurde eine Bemerkung in den Mund gelegt, die Charles de Gaulle beleidigte.

Anlass des besagten Treffens war vor allem die glanzvolle Wiedereinweihung des Palais Beauharnais, der für viele Millionen D-Mark renovierten Residenz des deutschen Botschafters in Paris. Aufgrund des Eklats ließ der Staatschef zwei Bundesminister von dem für den nächsten Tag im Élysée-Palast geplanten Festessen für Bundespräsident Lübke wieder ausladen. Die angebliche Bemerkung wurde sofort von Bonn dementiert und der tatsächliche Wortlaut der Brandt-Rede veröffentlicht.

Der schuldlos in die öffentliche Kritik geratene Bundesaußenminister erklärte, bevor er mit Bundeskanzler Kiesinger zu dem großen Treffen abreisen sollte, in Interviews verärgert: »Wenn ich mit zur Pariser Konferenz fahre, dann denke ich nicht daran, im Büßerhemd zu gehen.« Eine schwere Erkältung hätte ihn auch beinahe von der Reise abgehalten. Dann aber entschied er: »Ich fahre trotzdem, obwohl ich die Nase voll habe – in zweifachem Sinn.«

Der französische Präsident jedoch begrüßte nach dem Dementi Willy Brandt mit besonderer Liebenswürdigkeit. Und der antwortete: »Wissen Sie, Herr General, ich habe gerade die Erfahrung gemacht, dass es manchmal auch schwierig ist, unschuldig zu sein.«

Willy Brandt, der sich während des Krieges illegal in Paris aufgehalten hatte und aus dieser Zeit perfekt Französisch sprach, verstand sich im Gegensatz zum ehemaligen Nazi Kiesinger, der zudem kein Französisch konnte, mit dem ehemaligen Résistance-Mann de Gaulle auf Anhieb und nannte ihn »Mon Général«. De Gaulle über den deutschen Außenminister: »Willy Brandt ist ein offener und ehrlicher Mann.«

Die Ravensburger Geschichte aber hatte einige Tage später noch ein kleines Nachspiel – in der Fragestunde des Parlaments. Da erkundigte sich der CDU-Politiker Erik Blumenfeld beim Bundesaußenminister: »Misst die Bundesregierung der Tatsache dieselbe politische Bedeutung bei wie das deutsche Fernsehen, dass nämlich Staatspräsident de Gaulle zwar die Teilnehmerzahl an dem Essen verkleinert hatte, dem Herrn Bundespräsidenten aber einige Schritte weiter als üblich entgegengekommen ist – und das, obwohl schlechtes Wetter war?«

»Ich muss bekennen«, antwortete daraufhin Willy Brandt, nachdem sich die Heiterkeit im Plenarsaal gelegt hatte, »dass mir dieses wichtige Detail entgangen ist.«

PARIS, PARIS

Reisen nach Paris waren für Willy Brandt keine Seltenheit. Wieder einmal war er dort gelandet. Und wieder quoll sein Terminkalender über von Besprechungen und Konferenzen, Arbeitssessen, Fernsehinterviews und abends Empfängen, Beratungen im kleinen Kreis und Aktenstudium.

Im Lift des Hotels Bristol, der Prominenten-Herberge deutscher Politiker in der französischen Hauptstadt, fragte ihn ein Journalist: »Wie gefällt es Ihnen im schönen Paris, Herr Minister?« Traurig kam die Antwort: »Man kommt ja zu nichts ...«

ENTSCHEIDUNGSFINDUNG

Ein Jahr lang war Willy Brandts Freund Klaus Schütz Staatssekretär im Auswärtigen Amt gewesen. Aber danach musste ihn der Außenminister abgeben. Schütz sollte Regierender Bürgermeister von Berlin werden. Doch wer würde nun an seiner Stelle ins Auswärtige Amt kommen? Diese Frage beschäftigte Brandt. Und er beteiligte an der Lösung dieses Problems auch den französischen Botschafter. Bei einem Diplomatenessen nahm Brandt zwei Streichhölzer, brach von einem den Kopf ab, hielt dann François Seydoux beide mit ihren Enden hin und sagte: »Sie wählen jetzt den Schütz-Nachfolger, Herr Botschafter!« Seydoux zog das Zündholz ohne Kopf. Woraufhin Willy Brandt geheimnisvoll verkündete: »Damit ist die Entscheidung gefallen. Aber ich allein weiß, welche zwei Kandidaten das sein sollten. Und das verrate ich noch nicht.«

GO AHEAD

Viele amerikanische Politiker und Bürger, die Willy Brandt schon während seiner Zeit als Regierender Bürgermeister von Berlin erlebt hatten, mussten sich erst einmal an ihn in seinem neuen Amt gewöhnen. Und ihm selbst erging es nicht anders. Sein erster Besuch in Amerika als Bundesaußenminister und Vizekanzler führte ihn auch nach Chicago. Als er dort das Rathaus betrat, kreuzte ein Amerikaner seinen Weg, erkannte Brandt und grüßte freundlich: »*Good morning, Mister Foreign Mayor.*«

Und als er im französischen Außenministerium im Dezember 1966 bei einem Abendessen in Paris seinem britischen Kollegen George Brown engagiert darlegte, was in Berlin unbedingt verbessert werden müsste, meinte dieser: »Nun hör doch endlich auf, Willy, und denke daran, dass du nicht mehr Bürgermeister bist!«

Im Gespräch mit dem amerikanischen Außenminister am Rande einer NATO-Ratssitzung, ebenfalls in Paris, schien Brandt schon einen Schritt weiter zu sein. Er erläuterte Dean Rusk sein nächstes wichtiges Thema, die neue deutsche Ostpolitik. Rusk ermunterte ihn sofort: »*Don't look over your shoulder, go ahead, you have our confidence!*«

KONSULTATIONEN

Im Frühjahr des folgenden Jahres besuchte Willy Brandt London. In einer langen Sitzung behandelte er mit George Brown eine Liste von Themen. Als sie alle durchhatten, fragte ihn der britische Außenminister: »Hast du sonst noch was?« Willy Brandt: »Nein.« »Wirklich nicht?«, bohrte Brown weiter. Darauf Brandt zweifelnd: »Doch ich habe noch etwas – über die Araber. Aber dazu haben meine Experten vermerkt, dieses Thema sei nicht anzuschneiden, wenn es Brown nicht zur Sprache bringe.«

George Brown stutzte und lachte dann laut: »Und auf meinen Papieren für meine Besprechung mit dir steht genau das Gleiche.«

MISSTRAUEN

Spannungen im Nahen Osten waren auch damals schon ein wichtiges Thema, und Willy Brandt setzte sich als Freund Israels auch dort für den Frieden ein. Aber der deutsche Bundeskanzler war nicht der Mann, der sich unter Druck setzen ließ. Als ein israelischer Parteipolitiker ihm gegenüber misstrauisch äußerte, dass er offenbar drauf und dran sei, sich die Freundschaft der Araber aufzwingen zu lassen, fragte Brandt kopfschüttelnd zurück: »Freundschaft aufzwingen lassen?« Danach gab er selbst die Antwort: »Ich lass mir nicht einmal Feindschaften aufzwingen.«

DEMOKRATIE

Auf eine ähnlich klare Art machte sich Willy Brandt auch bei den arabischen Ländern bekannt. Er war noch Kanzlerkandidat, als sein ägyptischer Gesprächspartner versuchte, das deutsche demokratische System zu verstehen. Er wollte wissen, was die Opposition von den »Regierungsparteien« unterscheide. Brandts Antwort leuchtete ihm sofort ein: »Die sind dran – wir wollen dran!«

Die Stationierung von NATO-Mittelstreckenraketen in der Bundesrepublik löste eine heftige Debatte im Deutschen Bundestag aus. Der Bundeskanzler wurde gefragt, ob er nicht auf diese Debatte ein negatives Echo von den westlichen Nachbarn befürchte. Willy Brandt sah das anders: »Die sollen sich mal ein bisschen an die eigene Nase fassen. Wer hat denn Deutschland wiederbewaffnet?« Er wäre froh gewesen, so Brandt, wenn die Wiederbewaffnung den Deutschen nach dem Krieg noch eine Weile erspart geblieben wäre. Dann schloss er zornig: »Mich beeindrucken die Leute nicht, die herummäkeln, weil sie die Deutschen immer noch so stark haben möchten, dass sie Russland schlagen, aber schwach genug, um die Luxemburger nicht zu beunruhigen!«

BEDECKUNG

Unermüdlich war Willy Brandt, der doch eigentlich angekündigt hatte, mehr an seinem Schreibtisch sitzen zu bleiben, als Außenminister unterwegs. Im Osten und Westen, natürlich aber auch im Süden und Norden. Länder wie Jugoslawien, das unter Tito eine distanziertere eigenständigere Haltung zur Sowjetunion hatte – ähnlich wie auch Rumänien –, standen ebenso auf seiner Reiseagenda der ersten Jahre wie die anderen Ostblockstaaten, die sich ihr eigenes Tauwetter wünschten.
Als die Tschechoslowakei im Frühjahr 1967 mit der DDR einen neuen Pakt schloss, fragte ihn sein britischer Kollege

George Brown beunruhigt, ob dieser Pakt nicht das ange-
strebte bessere Verhältnis mit Prag erschweren würde. Der
Bundesaußenminister nahm es, wie so oft, gelassen: »Die
Prager haben sich nur die Badehose angezogen, bevor sie
schwimmen gehen.«

FÜR WARME UND FÜR KALTE TAGE

Seinen bekannten Durchblick zeigte der deutsche Außenminister, als er sich im Sommer 1967 nach einem Besuch in
Wien mit zahlreichen Journalisten auf den Weg zu einem
ersten Besuch in einem Ostblockland machte. Für die Reise
nach Jugoslawien zu Marschall Tito gab es ein großes
Medieninteresse. Unterwegs meinte er zu den Journalisten
gewandt: »Der österreichische Bundeskanzler hat mir
gesagt, gewisse sozialistische Reformen seien der teuerste
Weg zum Kapitalismus.« Als sich das Gelächter gelegt hatte,
ergänzte er: »Damit sind natürlich nicht die gemeint, zu
denen wir jetzt fahren.« Darauf wurde natürlich erst recht
gelacht.

Als Willy Brandt nun zusammen mit seiner Frau Rut und
einer halben Hundertschaft Journalisten, Fernsehleuten
und Fotografen im Schlepptau die Sommerresidenz Titos,
die Insel Brioni, betrat, fragte der jugoslawische Staatschef
den deutschen Gast erstaunt: »Warum haben Sie so viele
Journalisten mitgebracht?« Brandt lachte: »Die haben sich
alle selbst mitgebracht.« Dann zeigte er auf die aufgebaute
Front der Fotografen und Kameraleute und meinte: »Das ist
der Weg von der Demokratie zur Fotokratie.«

Auf der Privatinsel des jugoslawischen Staatschefs gab es nur ein einziges Telefon. Von diesem ersten großen Zusammentreffen war jedoch für die Presseleute viel zu berichten. Unter anderem verständigten sich die beiden Staatsmänner in Vier-Augen-Gesprächen darüber, die Beziehungen zwischen ihren beiden Staaten zu intensivieren. Als Tito daraufhin vorschlug, man solle »stufenweise vorgehen«, nötigte ihm Brandt ein Lächeln mit seiner Bemerkung ab: »Man sollte ohne Not nicht größere Schritte machen, als die Beine lang sind.«

Und da es ja noch keine Computer gab, war das einzige Telefon zum Schluss des Besuchs belagert von Journalisten, die nacheinander ihre Berichte an ihre Zeitungen durchgeben mussten. Für die jugoslawischen Gastgeber spielte sich damit der unglaubliche Vorgang ab, dass der deutsche Außenminister auf die Presseleute wartete. Dem jugoslawischen Protokollchef wollte so viel Konzilianz nicht in den Kopf; er begnügte sich jedoch damit, ihn zu schütteln.

Für die beiden Ehrengäste Rut und Willy Brandt verlief diese Reise nicht ohne Anstrengung. Denn es folgten noch verschiedene Besichtigungen. Nach einem Weg bei sengender Hitze durch den jugoslawischen Badeort Dubrovnik, die »Königin der Adria«, und einer Stadtrundfahrt meinte Brandt erschöpft: »Eigentlich müssten wir zwei Außenminister haben, einen für kalte und einen für warme Tage.«

NOCH EIN BESUCH IM OSTBLOCK

Im August des gleichen Jahres folgte der Besuch in Rumänien. Auch dieses Land begann damals, im Ostblock seinen eigenen nationalen Weg zu gehen. Auch diesmal war es heiß. Bei der Landung in Baneasa, dem Flughafen der Hauptstadt Bukarest, herrschten 34 Grad Celsius. Die Hitze setzte der deutschen Delegation sichtlich zu. Als nach der Begrüßung Deutsche wie Rumänen zu den Autos gingen, raunte Außenminister Corneliu Manescu dem deutschen Botschafter Erich Strätling zu: »Ich habe ja immer gesagt, wir werden Außenminister Brandt einen warmen Empfang bereiten.«

GESCHMINKTE WAHRHEIT

Der rumänische KP-Chef Nicolae Ceausescu diskutierte mit Willy Brandt bald nach dessen Ankunft die Vergangenheit des Kommunismus und der Sozialdemokratie. Brandt, der sicher seine andere politische Meinung bei dieser ersten Verständigung zurückhalten wollte, beendete das lange Gespräch über verpasste Gelegenheiten mit dem Vorschlag: »Wir wollen uns nicht wie pensionierte Generale verhalten, die verlorene Schlachten noch nachträglich gewinnen möchten.«

Eine weitere umfangreiche Seelenmassage stand dem deutschen Außenminister beim rumänischen Ministerpräsidenten Ion Gheorghe Maurer bevor. Der belehrte ihn unter anderem mit dem Satz: »Ein Politiker muss immer die Wahrheit sagen!«

Willy Brandt blieb locker. Er stimme der Maxime im Prinzip zu, antwortete er, gab jedoch für die politische Praxis zu bedenken: »Dem Politiker ergeht es wie dem Arzt. Auch er muss sich überlegen, ob es für den Patienten hilfreich ist, wenn man ihm die ungeschminkte Wahrheit sagt. Es gibt Situationen, in denen Schweigen das bessere Rezept ist.«

PFERDEFLEISCH

Anders erging es dem Sozialdemokraten mit seinem rumänischen Kollegen Manescu. Die beiden Außenminister überbrückten ideologische Unterschiede mit Witz. Sie verstanden es, sich auf diese Weise sozusagen zwischen den Zeilen zu verständigen.

Manescu hatte Anfang Februar des gleichen Jahres mit seinem Besuch in der Bundeshauptstadt die Reise Brandts nach Rumänien vorbereitet. In den Besprechungen mit dem Bundesaußenminister erwähnte Manescu das große Defizit Rumäniens in der Handelsbilanz. Vorwurfsvoll meinte er: »Ihr liefert mehr, als ihr von uns abnehmt.« Brandt widersprach ihm: »Das ist nicht die ganze Wahrheit. Rumänien hat ganz schöne Deviseneinnahmen aus dem deutschen Touristenverkehr.«
Darauf lächelte der Kollege Außenminister verschmitzt und erzählte ihm dazu eine Geschichte: »Ein Händler bietet Wurst zu ungewöhnlich günstigen Preisen an. Ein erboster Konkurrent fragt ihn, wie dieser so billig verkaufen könne. Der Händler antwortet ihm, er nähme für die Wurst halb Pferde-, halb Hühnerfleisch – je ein Pferd und je ein Huhn.«

Für die nächste Besprechung brachte der deutsche Außenminister eine Statistik über die deutsch-rumänischen Handelsbeziehungen mit. An den Rand hatte ein Mitarbeiter die französischen Worte »*cheval*« (Pferd) beim eigentlichen Außenhandel und »*poulet*« (Huhn) beim Tourismus geschrieben. Das regte Willy Brandt dazu an, seinem Kollegen seinerseits mit einer Geschichte zu antworten:

»Ein Bundestagsabgeordneter beklagte im Parlament, dass die Bäcker bei jedem Brötchen praktisch einen Pfennig zusetzen müssten. Als Zwischenrufer ihn fragten, wie die Bäcker es denn damit zu Häusern und Autos gebracht hätten, rief der Abgeordnete ihnen zu: ›Ja, die Menge macht's.‹«

INTERNATIONALE POLITIK

»Und was wollen Sie nun von mir?«, fragte der Parteiführer und ehemalige Ministerpräsident U Nu, dem Willy Brandt gerade ausführlich die Berliner Situation geschildert hatte. Das war 1959 in Birma. Der Regierende Bürgermeister der geteilten Stadt, in der es jedoch noch keine Mauer gab, antwortete: »Ich bitte um nichts anderes als moralische Unterstützung.« U Nu sagte darauf: »Nein, Sie wollen mehr.« Willy Brandt wurde deutlicher: »Nun, es wäre nicht schlecht, Sie würden Moskau wissen lassen, dass Sie von dem Berlin-Ultimatum nichts halten.« U Nu war einverstanden unter einer Bedingung: »Mache ich, aber dann müssen Sie Ihren amerikanischen Freunden sagen, sie sollen keinen Unsinn in Vietnam machen.«

Später erläuterte Willy Brandt: »Ich habe gewissenhaft berichtet, was damit gemeint war.«

GESCHICHTENERZÄHLER

Aus Marokko brachte der Bundesaußenminister eine Geschichte mit, deren besonderer Reiz darin liegt, dass sie ihm ein arabischer Minister erzählt hatte.

Ein Stamm von Eingeborenen in Afrika, der gelegentlich noch dem Kannibalismus frönt, nimmt drei Nichtschwarze gefangen: einen Franzosen, einen Amerikaner und einen Israeli. Man bedeutet den dreien, demnächst kämen sie in den großen Kochtopf, aber da man sich schon auf dem Wege der Zivilisation befände, dürften sie einen letzten Wunsch äußern, und dieser würde nach Möglichkeit auch erfüllt werden.

Der Franzose wünscht sich das hübscheste Mädchen des Stammes für eine Stunde. Der Häuptling: »Genehmigt!«
Der Amerikaner bittet: »Das saftigste Steak vom besten Zebu, dann ist mir alles egal.« Der Häuptling nickt.
Nun ist der Israeli an der Reihe. Er sagt: »Ich möchte, dass mir der stärkste Mann des Stammes einen Tritt in den Hintern gibt.« Der Häuptling begeistert: »Wenn du das so willst, dann geschieht es sofort.«
Der Tritt schleudert den Israeli mitten in die Zuschauer, genau neben den einzigen Stammeskrieger mit einer Maschinenpistole. Blitzschnell reißt der Israeli die Waffe an sich und schießt den Häuptling und seine Leute über den Haufen.
Der Franzose und der Amerikaner eilen auf den Israeli zu und rufen schon unterwegs: »Das ist ja großartig! Hattest du das geplant? Oder ist dir das im letzten Augenblick eingefallen?«

Der Israeli stolz: »Natürlich habe ich mir das vorher überlegt.« Nun sind die beiden anderen empört. »Und du Schuft lässt uns zittern«, schreit der Amerikaner, und der Franzose schimpft: »Warum hast du uns nicht gesagt, dass du das geplant hast?« Sagt der Israeli: »Bin ich a Aggressor?«

BIG CHIEF, THIS IS YOURS!

Neuland sollte ein Politiker auch mal unvoreingenommen nur mit den eigenen Augen betrachten können. So hängte der Bundesaußenminister an seine offiziellen Reisen gerne ein paar Urlaubstage an. Natürlich auch dort nicht ohne diskrete Bewachung. In einem Hotel in Dakar sprach ein Schweizer Geschäftsmann den Sicherheitsbeamten Ulrich Bauhaus an, der betont unauffällig in der Hotelhalle herumstand: »Sagen Sie mal, Sie sind doch aus der Bundesrepublik. Ich habe gerade mit einem Herrn gesprochen, der große Ähnlichkeit mit Willy Brandt hat.« Bauhaus nickte: »Sie haben recht.« Der Schweizer, schon im Weitergehen, verhielt plötzlich: »Oder war er das sogar … ?« Der Sicherheitsbeamte knapp: »Stimmt!«

In Ghana ließ sich der deutsche Außenminister nach anstrengenden Besprechungen in der Hauptstadt Accra in das 80 Kilometer westlich gelegene Fischerdorf Biriwa fahren. Deutsche Entwicklungshelfer, die dort den Fischern bei der Modernisierung ihrer Fangmethoden behilflich waren, hatten zusammen mit der deutschen Botschaft am Strand ein Picknick organisiert, an dem auch der örtliche Chief in farbenprächtigem Gewand teilnahm.

Der Häuptling erklärte mit weit ausholender Gebärde den schönen Strand mit den Palmen und bot Willy Brandt an: »*Big chief, this is yours! If you get another government, you may come and settle here. Until then you may use it.*« Der Bundesaußenminister bedankte sich für das großzügige Geschenk.

Ein andermal besuchte Willy Brandt den Senegal. Der afrikanische Staat war schon damals nicht mit großen Reichtümern gesegnet und plante daher, groß ins Tourismusgeschäft einzusteigen. Der Außenminister berichtete seinen Gesprächspartnern, er werde nach dem offiziellen Teil des Besuchs noch einige Tage privat zum Baden und Erholen bleiben. Darauf rief einer der senegalesischen Politiker: »Hurra, jetzt geht es aufwärts! Der erste deutsche Tourist ist da!«

ÄUSSERUNG

Wenig interessierten die Abgeordneten in Bonn die Abenteuer und wichtigen Verhandlungen ihres Außenministers. Im Bundestag herrschte wieder einmal gähnende Leere, als dieser an das Rednerpult trat. Zu den in ihren Bänken ausharrenden wenigen Abgeordneten sagte daher Willy Brandt: »Was das an der Teilnehmerzahl abzulesende Interesse an dieser Debatte angeht, so steht es der Regierung in keiner Weise zu, sich dazu zu äußern. Aber – auch wenn es diese Hemmung nicht gäbe, würde ich mich dazu nicht äußern, weil ich mich sonst in der Rolle des Pfarrers in einer schlecht besuchten Kirche fühlte, der dann noch die ausschimpft, die doch gekommen sind.«

Vielleicht würden die jungen Leute heute bei seinen Worten mehr aufmerken als damals. Doch die Bevölkerung insgesamt hat ihm eigentlich immer zugehört. Wenn Willy Brandt auf Plätzen und in Hallen sprach, strömten die Menschen herbei. Seine Sätze prägten sich ein, und Menschen wollten sie hören, weil sie vom Frieden handelten.

»Die Geschichte hat uns gelehrt: Zur Entfachung von Krisen genügt einer, aber zur Erhaltung des Friedens sind alle notwendig.«

»Wer die Grenzpfähle in Europa abbauen will, muss aufhören, sie verrücken zu wollen.«

»Krieg ist nicht mehr die Ultima Ratio, sondern die Ultima Irratio.«

»Wir haben gelernt, dass für uns und die Generationen, die nach dem Krieg aufwuchsen, der Frieden der eigentliche Ernstfall der Menschheit sein muss. Wir werden weiter lernen müssen, dass der organisierte und gesicherte Frieden die Normalität der Menschen ist.«

»Wir alle müssen wissen: Außenpolitik soll Generalstabsarbeit für den Frieden sein.«

Angst vorm Fliegen

GEBET

Die Idee, Außenminister am Schreibtisch in Bonn sein zu können, erkannte Willy Brandt bald als undurchführbar: »Ich fliege nicht besonders gern, aber in der Regel ist es doch zu weit, um meine Ziele im Fußmarsch erreichen zu können.«

Außenminister sind heutzutage Reiseminister. Daran dachte bereits im März 1967 Heinrich Albertz, humorvoller Pastor und Nachfolger Willy Brandts als Regierender Bürgermeister von Berlin. Denn er erwähnte einmal, dass kein Mensch wisse, wo sich Willy Brandt in dieser oder jener Stunde gerade befände, weshalb es auf jeden Fall gut wäre, die folgende Bitte ins Gebet einzuschließen: »Gott beschütze unseren Außenminister. Du allein weißt, wo er sich aufhält.«

ZWISCHENFÄLLE

Wie notwendig Gebete für den Vielflieger waren, erwies sich an der Tatsache, dass Brandts Reisen häufig von unangenehmen Zwischenfällen unterbrochen wurden. Die Ursachen waren: Kabelbrand, Triebwerkschaden, defekte Antennen, Notlandungen und einmal in Rumänen sogar der Verdacht auf Sabotage.

Diese Pannen zwangen den Bundesaußenminister immer wieder, auf Ersatzmaschinen umzusteigen. Sie brachten auch meistens seine Reiseprogramme völlig durcheinander – vom Ärger und der Aufregung ganz zu schweigen. So klingt das Gerücht fast glaubhaft, dass Willy Brandt wegen der vielen Reiseverpflichtungen lange überlegt habe, ob er überhaupt Außenminister werden sollte.

Nach einem dieser Zwischenfälle sagte er zu Freunden: »Morgen möchte ich nach Norwegen fliegen, diesmal hoffentlich ohne Hindernisse. Die Frage ist nur: Fliegt überhaupt noch jemand mit mir?«

KANZLER AM ABGRUND

Sein Kanzlerbesuch in Israel im Juni 1973 hätte dann tatsächlich fast mit einer Katastrophe geendet.
Der Hubschrauber, der Willy Brandt und seine Begleitung zur historischen Bergfestung Masada, auf einem Hochplateau oberhalb des Toten Meeres gelegen, bringen sollte, wurde plötzlich von einer Sturmbö emporgeschleudert und landete ganz knapp vor einem steilen, 400 Meter tiefen Abgrund.
Begleiter zogen den Bundeskanzler so schnell und heftig ins Freie, dass er stolperte und hinfiel. Als er wieder auf den Beinen stand, waren Brandts erste Worte: »Dieses ist ein Land, in dem man Wunder erwarten kann.«

Der weite Weg von Berlin nach Bonn

BERLIN BLEIBT BERLIN

Der Regierende Bürgermeister von Berlin war durch die besondere politische Lage der geteilten Stadt nach dem verheerenden Zweiten Weltkrieg eine in der Welt bekannte Persönlichkeit. Willy Brandt war überall beliebt. Nur in der Bonner Politik wurde seine Bedeutung erst spät, fast zu spät, erkannt. Mehrfach trat er an, um Bundeskanzler zu werden. Von den politischen Gegnern wurde er in dieser Zeit oft verleumdet und von den eigenen Genossen nicht immer unterstützt. Aber diese Jahre formten seinen Charakter und seine Überzeugungskraft noch stärker.

1966 dann gelang den Sozialdemokraten der erste Schritt in Richtung Regierungsmacht. Willy Brandt wurde in der Großen Koalition Vizekanzler und Bundesaußenminister. In dieser Zeit wuchsen seine außerordentlichen politischen Erfahrungen für eine erfolgreiche Friedenspolitik.

Endlich war es also so weit. Willy Brandt flog als Außenminister zum ersten Mal von Berlin nach Bonn. Es war Abend, und das bunte Lichtermeer der Stadt glitt eindrucksvoll unter der Maschine vorbei. Da blickte Brandt hinunter und fragte seine Begleiter: »Kann mir irgendjemand sagen, warum ich so verrückt gewesen bin, hier wegzugehen?«

Auch seine politischen Freunde in Amerika konnten sich nicht so einfach mit diesem Wechsel abfinden. So sagte US-Senator Robert F. Kennedy zu Willy Brandt: »Ich kann mich an Ihren neuen Titel nicht gewöhnen. Ich werde Sie einfach ›Governing Foreign Minister‹ nennen.«

ÜBERRASCHUNG

Bereits in den 50er-Jahren begannen Willy Brandts Reisen um die Welt, um eine gute Stimmung für »seine Stadt« zu machen. Vor seiner ersten großen Tour besuchte er als Regierender Bürgermeister das Staatsoberhaupt der Bundesrepublik. »Herr Bürgermeister«, sagte Theodor Heuss, »wir können Sie doch nicht nackt auf die Reise schicken!« Und dann überreichte er dem überraschten Willy Brandt das Große Verdienstkreuz mit Stern und Schulterband.

GREENHORN

Als Willy Brandt Anfang 1958 zum ersten Mal als Regierender Bürgermeister nach Amerika kam, wurde er auf einer Pressekonferenz in New York nach allen Regeln der Journalisten-Zunft befragt. Eine wichtige Rolle spielte dabei das gerade von George F. Kennan entwickelte militärische »Disengagement« in Europa. In den Zeiten des Eisernen Vorhangs bedeutete das für das geteilte Deutschland eine beunruhigende Haltung. Willy Brandt versuchte daher, sich besonders behutsam auszudrücken und die Argumente sorgfältig abzuwägen.

Sein Begleiter Günter Klein, lange Jahre Senator für Bundesangelegenheiten in Berlin, hörte ihm mit sichtlich sorgenvollem Blick zu, sodass Brandt ihn anschließend fragte: »Was habe ich denn falsch gemacht?« Senator Klein rügte: »Alles zu kompliziert! Du musst immer nur zwei Dinge sagen: Erstens, wir wollen den Russen die Stirn bieten. Zweitens, ihr müsst uns helfen!«

WAHLKAMPF IN MINNESOTA

In diesen Anfangsjahren als Regierender Bürgermeister von Berlin besuchte ihn Hubert H. Humphrey, der damals noch Senator von Minnesota war. Die beiden hatten ihre politischen Gespräche beendet und gaben nun in der Clayallee in Zehlendorf eine Pressekonferenz.

Plötzlich schnappte sich Humphrey von einem amerikanischen Rundfunkjournalisten, der wie er aus Minnesota war, das Mikrofon, hielt es Willy Brandt unter die Nase und sagte: »Meine Hörerinnen und Hörer daheim in Minnesota! Der Regierende Bürgermeister von Berlin wird jetzt auf Englisch zu ihnen sprechen.« Brandt sprach. Dann meldete sich wieder Humphrey: »Und nun auf Deutsch!« Willy Brandt erfüllte auch diese Bitte. Danach wieder der Senator: »Und nun zum Schluss auf Skandinavisch!« Brandt tat dies in perfektem Norwegisch.
Nachdem Willy Brandt für die englischen, deutschen und skandinavischen Hörer in Minnesota gesprochen hatte, bedankte sich der Demokrat Humphrey artig: »Das haben Sie sehr schön gemacht. Jetzt müssen Sie mir aber eines ver-

sprechen: niemals nach Minnesota zu kommen und sich dort um den Sitz des Senators zu bewerben. Sie würden glatt an meiner Stelle gewählt werden.«

ZWEIFEL

Mit Bruno Kreisky war Willy Brandt seit der gemeinsamen Emigrationszeit in Skandinavien befreundet. Der Österreicher versuchte wieder einmal, seinen Freund, den Regierenden Bürgermeister von Berlin, zu überreden: »Ich würde eine Begegnung zwischen Chruschtschow und dir für nützlich halten.« Doch Brandt blieb skeptisch: »Du weißt, Bruno, dass ich nicht feige bin. Aber das eine Mal klappte es nicht, weil sich die Russen nicht an die Spielregeln gehalten haben. Und das andere Mal ging es nicht, weil ich vor Heckenschützen auf der Hut sein musste.«

ENTSCHULDIGUNG

Die Berliner kannten ihren »Regierenden«. Als dieser eines frühen Morgens mit seinem Bausenator Rolf Schwedler durch den Tiergarten spazierte, erhob sich ein Bauarbeiter von einer Bank, wankte mit wehender Fahne auf ihn zu und packte ihn am Arm: »Mensch, Willy, ich komm vom Richtfest und getrau mir nicht nach Hause. Meine Olle verkloppt mich bestimmt. Schreib mir 'ne Entschuldigung!« Willy Brandt schrieb sie.

TRINKFEST

Trinkfest war der Berliner Bürgermeister ja damals schließlich selbst. Im Januar 1958 wurde Willy Brandt zum Vorsitzenden der Berliner SPD gewählt. Kurz zuvor hatte er den einzigen Besuch, den ihm ein sowjetischer Stadtkommandant gemacht hatte, in Karlshorst, dem Hauptquartier der Russen, erwidert. Es hatte dort eine lange Mahlzeit mit vielen Trinksprüchen gegeben. Danach eilte Brandt die Nachricht voraus, dass bei diesem Treffen wohl reichlich Wodka geflossen sei.

Auf dem Wahlparteitag erntete Willy Brandt darum viel Beifall, als er sagte: »Jeder weiß hier, dass ich mich nicht unter den Tisch trinken lasse. Und jeder soll auch wissen, dass mich einige Gläser Wodka nicht daran hindern, den Sowjets das zu sagen, was gesagt werden muss.«

FEIER OHNE RISIKO

Mit Vorsicht und nicht wahllos mochte Willy Brandt Feiern genießen. Als er einmal mit Vertretern des Berliner Senats zu einer Firmenfeier eingeladen worden war, meinte er in seiner Ansprache: »Ich habe mich extra vorher erkundigt und erfahren, dass eine Bewirtung von Senatsvertretern dann erlaubt ist, wenn damit keine amtliche Entscheidung verbunden ist.«

GEWISSENS- UND ANDERE FRAGEN

Obwohl Willy Brandt damals in Skandinavien selbst Journalist gewesen war, kam er eines Tages bei dem oft heiklen politischen Geschäft in Berlin nicht mehr ohne einen Pressemann aus. Dadurch entstand eine langjährige, fast schon legendäre politische Zusammenarbeit. Egon Bahr erinnerte sich nach Brandts Tod an diese ersten politischen Jahre ihrer Freundschaft.

Im Spätherbst 1959 habe ihn der Regierende Bürgermeister von Berlin in der Lobby des Deutschen Bundestages in Bonn um zehn Uhr morgens, noch maulfaul und brummig wie stets um diese Tageszeit, kurz und unvermittelt gefragt, ob er zu ihm als Pressechef nach Berlin käme. Er habe ebenso kurz »Ja« gesagt. »Wir kannten uns nicht näher«, ergänzte Bahr.
Dann erzählte er: »An einem der ersten Abende im Schöneberger Rathaus saß ich Brandt gegenüber und sagte: ›Natürlich sind Sie der Chef, der entscheidet, mit Ausnahme von Gewissensfragen, die sich hoffentlich nicht oft stellen werden; aber Sie müssen damit rechnen, dass ich immer sagen werde, was ich denke; ob es Ihnen gefällt oder nicht!‹« Willy Brandt habe daraufhin nur milde gelächelt und geantwortet: »Wenn es zu schlimm ist, dann aber bitte unter vier Augen!«

ABSTIMMUNG

Berlin war immer schon eine Reise wert. Vor dem Bau der Mauer, als immer mehr Menschen aus der Sowjetzone in den Westen abwanderten, unterhielt sich Willy Brandt einmal mit ausländischen Besuchern über das geteilte Berlin. Dabei wurde auch über die Möglichkeit einer Volksabstimmung in ganz Deutschland gesprochen. »Sehen Sie«, meinte der Regierende Bürgermeister zu den ausländischen Gästen gewandt, »eigentlich findet diese Abstimmung schon seit vielen Jahren statt und zwar so eindrucksvoll wie nur irgend möglich – es ist eine Wahl mit den Füßen.«

Diese Wahl mit den Füßen wurde bald darauf durch den Mauerbau beendet.

KRIEGSGEFAHR

Willy Brandt hatte aus der Emigration in Norwegen seine Frau Rut mitgebracht. Die gebürtige Norwegerin lebte sich trotz mancher Entbehrungen in dem zerstörten Berlin schnell ein. Sie liebte die Stadt und die Berliner. Als Berlin die Nachricht vom Ungarn-Aufstand erreichte, saß der Regierende Bürgermeister mit seiner Frau und Freunden in seinem Büro. Willy Brandt erinnerte sich später: »Rut hatte ein sicheres Gefühl für die Kriegsgefahr, die damals über der Menschheit schwebte.«

Vor dem Schöneberger Rathaus sammelten sich nun einige Tausend Menschen und machten sich in Richtung Brandenburger Tor auf. »Ich sprang mit Rut in ein Auto und raste dorthin, um das Schlimmste verhüten zu helfen«, berichtete Brandt weiter. Denn Zusammenstöße an der Sektorengrenze hätten Krieg bedeuten können. Rut aber habe, so Brandt, den Wagen noch vor dem Rathaus sofort wieder verlassen und sei in der Menge untergetaucht. Voller Anerkennung resümierte er: »Sie hat einige Besonnene um sich gesammelt, die mit ihr halfen, die Menge zu beruhigen.«

Diesen sicheren Instinkt behielt Rut Brandt auch später, als die Lage in Berlin sich konsolidiert und der Regierende Bürgermeister von Berlin sich bereits in Richtung Kanzleramt in Bonn aufgemacht hatte. Als 1965 wegen einer Bundestagssitzung in Berlin die Restriktionen an der Zonengrenze für Durchreisende erhöht wurden, reiste Willy Brandt, der seine Mutter in Lübeck besucht hatte, gerade über Lauenburg zurück nach Berlin. An der Zonengrenze wurde auch ihm die Durchreise verweigert. Daher ließ er den Wagen wenden und flog spätabends von Hannover nach Berlin. Rut Brandt begrüßte ihn mit den Worten: »Ich finde, du hast einen Fehler gemacht. Du hättest am Zonengrenzübergang warten müssen, und wenn es Tage gedauert hätte, bis sie dir die Fahrt in deine Stadt freigegeben hätten.«

WAS MEINTE DER GENERAL?

Wie notwendig ein politischer Botschafter für die zweigeteilte Stadt damals war, zeigt die Geschichte vom ersten Besuch des Regierenden Bürgermeisters im Dezember 1958 beim französischen Staatspräsidenten in Paris. Der General fragte Brandt, was er denn so zu berichten habe »über Berlin«, »über die Bundesrepublik« und »über Preußen«. Willy Brandt erzählte später: »Es dauerte einige Sekunden, bis ich merkte, dass de Gaulle mit Letzterem die DDR meinte.«

MITTELPUNKT DER WELT I

»Berlin«, sagte der ägyptische Außenminister Fawzi im November 1963 zu Willy Brandt, »ist das wichtigste Thermometer für die internationale Lage.« Der Regierende Bürgermeister erwiderte: »Sehr richtig, Exzellenz, aber kein Patient wird gesund, wenn man das Thermometer wegwirft.«

MITTELPUNKT DER WELT II

Willy Brandt sagte bei der Begrüßungsansprache einer internationalen Begegnung von Bürgermeistern: »Wir Bürgermeister haben gemeinsam, dass jeder seine Stadt für den Mittelpunkt der Welt hält. Ein guter Bürgermeister muss seine Stadt so sehen. Er kann sich ohnehin darauf verlassen, dass es genügend Leute gibt, die davon einiges abstreichen.«

ANGLER UNTER SICH

Eine Rede über die moderne Welt begann der Regierende Bürgermeister von Berlin und Hobbyangler Brandt in Düsseldorf folgendermaßen: »Ihre Stadt war wie Berlin ursprünglich ein Fischerdorf. Inzwischen freilich hat sich manches geändert. Heute, bei der Verschmutzung der Flüsse, könnte nicht einmal der Oberbürgermeister mehr seine Familie vom Fischfang ernähren …«

PASSENDE BEGLEITUNG

Als Bundespräsident Heinrich Lübke 1966 Berlin einen Besuch abstattete und dort mit seiner Frau Wilhelmine an zwei Abenden ins Theater gehen wollte, entschied der Regierende Bürgermeister, dass sein Gast stilecht begleitet werden sollte: »Der Senator für Gesundheitswesen begleitet den Herrn Bundespräsidenten zur Aufführung des Stückes ›Tagebuch einer Wahnsinnigen‹ und der Senator für Jugend zur Aufführung von ›… und zweitens bin ich siebzehn‹.«

SHOPPING TOUR

Eine Woche nach Errichtung der Mauer schickte der amerikanische Präsident seinen Vize zu Sondierungen nach Berlin. Lyndon B. Johnson hatte sich aber im August 1961 wohl eher eine Shopping Tour als eine politische Reise vorgenommen. Jedenfalls wollte er ausgerechnet am Sonntag unbedingt Einkäufe machen. Brandts Hinweis, die Geschäfte hätten am Feiertag in Berlin geschlossen, ließ der Amerikaner nicht gelten: »Sie haben Präsident Kennedy geschrieben, dass Sie ›action and no words‹ wollen. Jetzt sorgen Sie bitte auch für Handlungen, nicht nur für Worte!«

Johnson wollte unbedingt solche Slipper kaufen, wie sie der Regierende Bürgermeister trug. Also trieben Brandts Mitarbeiter den Besitzer eines Schuhgeschäfts auf. Dann holten sie den Besitzer einer Elektrofirma herbei, bei dem Johnson Rasierapparate für Kollegen im US-Senat erwarb. Damit noch nicht genug. Berlin hatte Johnson als Gastgeschenk ein

Service der Staatlichen Porzellanmanufaktur überreicht. Dieses Service gefiel ihm so gut, dass er sofort die Manufaktur besuchen und ein zweites, größeres Service für seinen Vizepräsidenten-Amtssitz bestellen wollte. Dem Regierenden Bürgermeister blieb nichts anderes übrig, als die Manufaktur für den Gast öffnen zu lassen. Nach dem Ende des Rundgangs dort sagte Johnson zum Direktor der Manufaktur: »Mit dem Kostenvoranschlag für das Service kommen Sie bitte in einer Stunde in mein Hotel!«

SCHWIERIGES GESCHÄFT

Der schwedische Ministerpräsident Tage Erlander hatte 1963 politische Freunde zu einem Treffen auf seinem Landsitz Harpsund eingeladen. Aus den USA waren Hubert Humphrey und Walter Reuther, der Vorsitzende der amerikanischen Automobilarbeiter-Gewerkschaft UAW, gekommen, aus England Hugh Gaitskell, Harold Wilson und George Brown, aus Österreich Bruno Kreisky, aus Deutschland Brandt und aus Skandinavien die führenden Sozialdemokraten.

Am Sonntagnachmittag hatte Wilson ein langes Gespräch mit britischen Journalisten. Willy Brandt, der selbst einmal Journalist gewesen war, erkundigte sich hinterher teilnahmsvoll bei einem von ihnen, warum er so überanstrengt wirke. Er bekam zur Antwort: »*You know, it is always difficult to make philosophy look like news.*«

MIT GUTEM BEISPIEL VORAN

Beispielhaft für SPD-Kanzlerkandidaten könnte Willy Brandt auch heute noch sein, jedenfalls, was die Einmischung in die Angelegenheiten anderer Staaten betrifft. Der Sozialdemokrat reiste im Frühjahr 1965 nach Italien. In Rom verbreitete sich unter Journalisten das Gerücht, Brandt käme zu Besuch, um den italienischen Sozialdemokraten bei der Bereinigung ihrer internen Streitigkeiten zu helfen. Als er davon erfuhr, meinte der Regierende Bürgermeister trocken: »Man sollte sich nicht übernehmen. Meine Energie dient der deutschen Wiedervereinigung und nicht der Einigung von Parteien in Italien.«

Von Willy Brandt stammt übrigens aus dieser Zeit auch der Satz: »Es geht darum, ob wir uns in dieser Welt als Erwachsene benehmen oder als politische Kinder.«

KIRCHGÄNGER

In der ungewöhnlich stark besetzten Kaiser-Wilhelm-Gedächtniskirche predigte Bischof Otto Dibelius. In der ersten Bank saßen Rut und Willy Brandt. Einige Reihen hinter ihnen tuschelten zwei ältere Berlinerinnen. Sagte die eine: »Wat Willy doch aus die SPD jemacht hat! Gucken Se sich doch mal um. Jetzt kommen ooch die Arbeter und die ollen Funktionäre in die Kirche. De Ballonmützen sind verschwunden. Pastoren sin in de Partei.« Darauf die andere: »Recht hab'n Se mit die Arbeter und ooch mit die Pastoren in de SPD. Aba die meisten Leute hier wolln Willy und Rutchen sehn, det isset.«

»ICH BIN EIN BERLINER«

Der 26. Juni 1963 wird für Berlin immer einer der größten Tage seiner Geschichte sein. Hunderttausende jubelten Präsident John F. Kennedy zu, der dann tief bewegt auf dem Platz vor dem Schöneberger Rathaus, der heute seinen Namen trägt, sein Bekenntnis zur geteilten Stadt mit dem historischen Satz untermauerte: »Ich bin ein Berliner.«

Für den Empfang nach der Kundgebung war in der Brandenburghalle mit dem Hohenzollernsilber eine riesige Festtafel gedeckt worden. Kennedy betrachtete die prächtige Tafel und sagte dann zum Regierenden Bürgermeister: »Ein derartiges Essen könnte ich im Weißen Haus nicht geben.«

Später wurde dem amerikanischen Präsidenten ein altes Buch vorgelegt, aus dem hervorging, dass ein John F. Kennedy Mitte des 18. Jahrhunderts von Cölln nach Berlin gezogen war und 17 Taler Steuerschulden gehabt hatte. Der Präsident lachte herzlich, als einer der Anwesenden bemerkte: »Damit ist ja nun der Beweis erbracht, dass Sie wirklich ein Berliner sind.«

Pressegespräche

KINDERWUNSCH

Eine verständnisvolle Nähe gab es immer zwischen Willy Brandt und den Journalisten. Auf Wahlkampfreisen setzte er sich am Abend im Sonderzug immer gerne mit ihnen zusammen, denn schließlich war der Politiker auch einmal Journalist gewesen. In lockerer Runde wurden am liebsten Witze erzählt – politische natürlich.

Als Junge wollte er, so erzählte der Bundeskanzler einmal, zunächst »Marineoffizier werden. Dann Journalist, Zeitungsschreiber. Mein kühnster Wunsch: einmal in den deutschen Reichstag zu kommen.«

UNSINN

Auch Rut Brandt war eine gelernte Journalistin. In Oslo während der Emigration hatte Willy Brandt seiner späteren Frau bei einem ihrer ersten Artikel geholfen, den sie ihm zur Begutachtung gegeben hatte. »Ich erklärte ihr«, so Brandt, »die Sache hätte keinen richtigen Anfang und keinen richtigen Schluss. Ich habe also etwas Entsprechendes verfasst. Rut erzählte mir später nicht ohne Schadenfreude, ihr Chefredakteur habe gesagt, der Artikel sei sehr gut. Bis auf den Unsinn am Anfang und am Schluss. Den habe er weggestrichen.«

NEUER JOB

Die Fernsehsendung *Meet the Press*, in der Willy Brandt während einer Amerikareise im März 1961 aufgetreten war, brachte ihm viel begeisterte Post. Beim Lesen der Fan-Briefe meinte der Regierende Bürgermeister zu seinem Pressechef Egon Bahr: »Von den Dutzend Fernsehangeboten, die wir hier bekommen haben, können wir mit unseren Familien in den USA gut und gern ein Jahr lang leben.«

ABLÖSUNG

Auf Staatsvisite in Wien wurde der deutsche Bundesaußenminister überall herumgereicht. Als wieder zu einem neuen Termin aufgebrochen werden sollte, ließ Willy Brandt die Staatskarosse links liegen und stieg in den Pressebus ein. Er setzte sich entspannt auf einen Platz, lehnte sich zurück und meinte in die erwartungsvolle Runde: »Jetzt kann mal ein anderer als Außenminister gehen!«

POKERFACE

Mitte Juni 1968, nach einem geheimnisumwitterten Besuch bei Pjotr Abrassimow, dem Sowjetbotschafter in Ostberlin, stand der Bundesaußenminister im Kreuzfeuer von Journalisten-Fragen. Aber geschickt wehrte Brandt alle Erkundigungen nach Einzelheiten des Treffens ab.
Etwas entnervt fragte schließlich ein Pressemann, ob sie wenigstens erfahren könnten, ob Abrassimow ein harter

Gesprächspartner sei. Darauf grinste Brandt verschmitzt die
ehemaligen Kollegen an und gab die Frage zurück: »Soll ich
ihn kompromittieren und sagen, er sei es nicht?«

SCHLECHTE PRESSE

»König Silberzunge« reagierte empfindlich auf Zeitungskri-
tik. Einmal beschwerte sich Kiesinger in einer Kabinettssit-
zung lebhaft über die »schlechte Presse«. Der Bundesaußenminister gab ihm daraufhin den Rat: »Herr Bundeskanzler,
ich finde, Sie sollten weniger Zeitungen lesen.«

Bei einem ähnlichen Anlass wiederholte Willy Brandt den
Rat von Kiesingers Vorgänger Konrad Adenauer. Der hatte
einmal gesagt: »Macht dir eine Zeitung Kummer, mach dir
nichts draus. Morgen gibt's eine neue Nummer.«

ÜBER DAS REDEN

»Haben Sie nicht einmal gesagt: ›Ein Außenminister ist zum
Schweigen da?‹«, wurde Willy Brandt einmal von Journalisten gefragt. Der Bundesaußenminister bezweifelte das Zitat:
»Wenn das in einer Zeitung erscheint, werden die Leute
meinen: Was will der Quatschkopf damit sagen, der redet
doch dauernd!«.

Über eine sinnvolle Art zu reden ließ sich der Politiker ein
anderes Mal ausführlicher aus. »Es lässt sich alles Wichtige
einfach sagen«, meinte Willy Brandt. »Es ist nur ein biss-

chen schwerer, es einfach zu sagen. Wenn man will, lässt sich alles erklären. Und ich finde, darum sollte man sich ernsthaft bemühen.«

IRRTUM

Ein erfolgreicher Wahlkämpfer verliert schon einmal die Übersicht. Nicht jeder, der so aussieht wie ein Sympathisant, ist ein Sympathisant. Aus dem Wahlkampf 1972 berichtete der Kanzler in fröhlicher Runde von folgendem Zwischenfall:

Als sein Sonderzug aus dem hessischen Städtchen Lampertheim herausrollte, stand auf dem Bahnsteig eine, wie Brandt annahm, »begeistert winkende Menschengruppe«. Also beugte er sich aus dem Fenster und winkte dankend zurück. »In Wirklichkeit«, erzählte der SPD-Chef die Geschichte weiter, »waren das Journalisten. Wir hatten vergessen, sie mitzunehmen. Die Journalisten mussten dann im Bus mehrere Stunden nachfahren, ehe sie uns an einer der letzten Stationen dieses Tages wieder eingeholt hatten.«

(Übrigens, ich selbst war auch unter den »Winkenden« und platzte dann mit den Kollegen mitten in die Abendkundgebung des Kanzlerkandidaten.)

JUBEL

Glückwünsche erreichten Willy Brandt nach seinem großen Wahlsieg am 19. November 1972 aus allen Himmelsrichtungen, aus dem In- und Ausland und auf die verschiedenartigste Weise. Zehn Redakteure einer deutschen Zeitschrift hatten sich mit jubelnd hochgeworfenen Armen fotografieren lassen, dieses Foto mit einem Glückwunsch versehen und an den Wahlsieger geschickt.

Der Kanzler betrachtete das Bild lange Zeit nachdenklich und meinte dann: »Ich sollte die Redaktion vom Verlag abwerben und sie als Jubel-Gruppe beim Empfang ausländischer Staatsbesucher einsetzen.«

»Eine Partei ist kein Mädchenpensionat«

BONN UND BERLIN

Nachdem der erste SPD-Chef Kurt Schumacher knapp Konrad Adenauer als Kanzlerkandidat unterlegen war, konnte auch sein Nachfolger Erich Ollenhauer das Blatt nicht wenden. Die Unionsparteien saßen in der Bundesrepublik immer fester im Sattel. 1961 machten die Sozialdemokraten den überall in der Welt anerkannten Regierenden Bürgermeister von Berlin zu ihrem Kanzlerkandidaten. Er gewann zwar für seine Partei erheblich Stimmen dazu, aber zu seiner eigenen großen Enttäuschung nicht die Wahlen. Nach Erich Ollenhauers Tod 1963 fiel Willy Brandt wie selbstverständlich der SPD-Vorsitz zu. Er blieb außerdem Kanzlerkandidat und gewann schließlich die Wahlen. Auch nach seinem Rücktritt als Bundeskanzler blieb Willy Brandt noch einige Jahre Vorsitzender seiner Partei.

Sein Weg als Politiker war trotz seines weltweiten Ansehens niemals einfach gewesen, auch nicht bei den Sozialdemokraten. Als er deren Vorsitz übernahm, fehlte es nicht an Stimmen, die dagegen waren. Es gab Genossen, die meinten, das würde keinem der beiden wichtigen Posten bekommen, denn Willy Brandt müsse sich jetzt immer zwischen Berlin und Bonn teilen. Ihn selbst plagte diese Sorge nicht. »Vorher, als stellvertretender Parteivorsitzender«, sagte er den Warnern, »musste ich mich nach dem Terminkalender des Vorsitzenden richten und geriet oft in Zeitnot. Jetzt setze ich die Termine fest, und die anderen richten sich danach.« Und lachend beschloss er seine lockere Begründung: »*Vive la petite différence!* Es lebe der kleine Unterschied.«

IDOL

Es war ein feierlicher Augenblick, als der stellvertretende SPD-Vorsitzende Herbert Wehner Willy Brandt an seinem 53. Geburtstag die goldene Taschenuhr von August Bebel überreichte. Die Uhr, ein Stück Parteigeschichte, war der SPD von Schweizer Sozialdemokraten 1963 geschenkt worden, als Willy Brandt bei der Gedenkfeier zum 50. Todestag Bebels in Zürich sprach. August Bebel war das Idol des jungen Herbert Frahm gewesen, der eines Tages als Willy Brandt in die Fußstapfen des großen Bebel treten würde. »Die Verkörperung des Weltgeistes, wie er sich der proletarischen Familie in einem bescheidenen Vorort von Lübeck mitteilte«, so hatte Brandts Freund, der Schriftsteller Klaus Harpprecht, Bebel beschrieben.

Nun übergab Wehner diese Uhr dem Parteivorsitzenden mit den kargen Worten: »Bei dir ist sie am besten aufgehoben.« Willy Brandt dankte gerührt und versprach: »Ich werde die Uhr zu gegebener Zeit der Partei zu treuen Händen zurückgeben.«

WIE DIE KATZEN

Einmal wurde der SPD-Chef nach einem anstrengenden Tag mit schwierigen Verhandlungen in seinem Haus von einem Freund gefragt, was er denn nun denke und fühle. Mit einem Blick auf die Siamkatze, die um seine Beine strich, antwortete Brandt: »Erich Kästner schrieb, dass Katzen möglicherweise dächten: ›Da rackert er sich nun ab, damit er für uns frisches Schabefleisch kaufen kann!‹ Ich möchte, dass nicht nur die Katzen so denken.«

PARTEI DER MITTE

In den 60er-Jahren bemühte sich die Sozialdemokratische Partei um ein breiteres Fundament. Die SPD wollte als Partei der Mitte von den Wählern gesehen werden. Auf dem Gesellschaftsabend des SPD-Parteitages 1964 marschierte ihr Vorsitzender Willy Brandt unter den Klängen der »Berliner Luft« von Paul Lincke in den Saal. Das Parteivolk klatschte und trampelte begeistert. Nur ein alter Genosse lästerte: »Der Paul ist der einzige Lin(c)ke, bei dem wir noch klatschen dürfen.«

GESCHICHTE

Wochenlang dauerte das Feilschen, als die Große Koalition zwischen den Unionsparteien und der SPD gebildet wurde. So verlangten die Sozialdemokraten zunächst, Franz Josef Strauß dürfe nur Minister werden, wenn er sich vorher im

Bundestag für die *Spiegel*-Affäre entschuldigte. Als nun der CSU-Vorsitzende ohne einen derartigen Bußgang das Finanzministerium in der neuen Regierung übernahm, murrten Parteifreunde Willy Brandts und fragten, warum sich die Verhandlungsdelegation damit abgefunden hätte. Der Vorsitzende erläuterte: »Wir haben bei unseren Gesprächen den Eindruck gewonnen, dass Strauß die Vorgänge des Jahres 1962 heute anders sieht, als er sie damals gesehen hat. Und ich finde, man sollte doch einmal auch darüber nachdenken, warum zum Beispiel Bismarck vor 100 Jahren, nach seinem Sieg über die Österreicher bei Königgrätz, nicht nach Wien marschiert ist …«

(Der Historiker Golo Mann schrieb über diesen Verzicht Bismarcks: »Er dachte trotz des Siegesrausches an die Gefahren und Wünschbarkeiten der Zukunft.«)

Übrigens wurde Strauß damals ein sehr erfolgreicher Bundesfinanzminister, nicht zuletzt, weil er sich mit seinem Kollegen Wirtschaftsminister, Professor Karl Schiller, in Bonn als Primadonna bekannt, so gut verständigte und ergänzte, dass die beiden damals »Plisch und Plum« genannt wurden.

VERSPRECHEN GEHALTEN

Im Bundestagswahlkampf 1961 hatte Willy Brandt dem Schäfer Wilhelm Lambracht ein Versprechen gegeben, das er fünf Jahre später als Parteivorsitzender einlöste. Er fuhr im Februar extra nach Lemgo, um dem Schäfer, der seit

1888 Mitglied der SPD war, zu seinem 100. Geburtstag zu gratulieren.

Der SPD-Chef kam allerdings einen Tag zu früh. Nun darf man eigentlich einem alten Aberglauben zufolge nicht zu früh zum Geburtstag gratulieren. Doch Brandt entschuldigte seine vorzeitige Gratulation. Er müsse am nächsten Tag an einem Empfang des Bundestagspräsidenten teilnehmen. »Aber«, erklärte er dem Jubilar, »für einen Politiker und vor allem für den Vorsitzenden unserer Partei ist es besser, wenn er einen halben Tag zu früh als einen Tag zu spät kommt.«

KALAU

Eines Tages besuchte Willy Brandt den Geburtsort Friedrich Schillers. Die Honoratioren von Marbach hatten sich versammelt, und natürlich gab es dann auch eine Rede. Brandt bedankte sich für den Empfang und scherzte, der einzige Bezug, der ihm im Augenblick zu Schiller und der deutschen Arbeiterbewegung einfalle, sei das Zitat: »Ich habe, Genossen, das irdische Glück!«

ENTSCHEIDUNGSHELFER

Werner Höfer, der Erfinder des *Internationalen Frühschoppens*, bei dem er jeden Sonntag im Fernsehen mit sechs Journalisten aus fünf Ländern über aktuelle Themen diskutierte, fragte einmal Willy Brandt, ob ihm das »Doppeljoch« nicht zu schwer werde. Er sei ja nicht nur SPD-Vorsitzender, sondern seit einem Jahr auch Bundesaußenminister. Brandt räumte ein, dass die beiden Ämter viel Arbeit und wenig Schlaf brächten. Seine Mitarbeiter und Freunde in der Politik bemühten sich aber, ihm das Leben nicht zu schwer zu machen. Diese Fürsorge dürfe natürlich nicht so weit gehen, dass ihm womöglich wichtige Entscheidungen abgenommen würden. Mit leicht ironischem Lächeln ergänzte er: »Ich muss sogar achtgeben, dass ich nicht zu einer Art von Hindenburg der SPD werde.«

Möglicherweise hat er bei dieser Bemerkung auch an Herbert Wehner, die Graue Eminenz der SPD, gedacht, der gerne für die Partei Entscheidungen übernahm oder die anderer heftig kritisierte, wenn sie nicht in seinem Sinne waren. Auf Wehner angesprochen, der ihm das Leben nicht immer leicht machte, meinte Brandt einmal sibyllinisch, mit dem sei es wie mit Thorolf in der *Edda*: »Er sann nur darauf, diesen Haken, der gegen seinen Willen krumm gebogen war, wieder zu strecken.«

BAYERISCHE REMPELEIEN

Bei der Eröffnung des SPD-Parteitages 1968 in Nürnberg kam es zu wilden Tumulten. Einige Hundert links- und rechtsradikale Demonstranten, unter die sich Angehörige von Straßenbanden und stadtbekannte Schläger gemischt hatten, versuchten, die SPD-Prominenz am Betreten der Meistersingerhalle zu hindern. In dem Gedränge war auch Willy Brandt von einem Schirm am Kopf getroffen worden. Später erkundigten sich Parteifreunde besorgt bei Brandt, ob der Schirmhieb geschmerzt habe. »Nein«, meinte der, »der Mann hat mehr aus Prinzip geschlagen.«

Diese Rempeleien sollten beim abendlichen Empfang in dem mit Kerzen festlich erleuchteten Rittersaal der Kaiserburg ein Nachspiel haben. Ein Delegierter aus Niederbayern schüttete einem Gewerkschaftsfunktionär ein Glas Wein ins Gesicht. Er behauptete nämlich, dass dieser mitschuldig an den vorausgegangenen Tumulten radikaler Demonstranten gewesen sei. Der SPD-Vorsitzende, von empörten Genossen nach seiner Meinung zu diesem Vorfall befragt, zog es vor, sich nicht einzumischen: »Ich bin kein Sachverständiger für bayerisches Brauchtum.«

MAHLZEIT!

Willy Brandt hielt seine Genossen lieber auf andere Weise bei Laune. 1967, nach einer dreitägigen Konferenz seiner Partei in Bad Godesberg, beendete er seine Schlussansprache vor der Zeit, indem er unter dem Beifall der Teilnehmer erklärte: »Der Parteivorsitzende ist mindestens so sehr wie jeder sonst in der Partei gehalten, auf die Einhaltung des Programms zu achten. Das Programm für diese Tagung sieht das Mittagessen um 13.30 Uhr vor. Ich möchte es nicht als eine Abweichung, sondern eher als eine vorfristige Erfüllung gewertet wissen, wenn wir uns schon um 12 Uhr dem Mittagessen zuwenden. Die Voraussetzungen dafür sind erfüllt.«

WAHLKAMPF ZUM ERSTEN

Wahlkampf ist sozusagen das tägliche Brot eines Parteivorsitzenden. Wenn nicht gerade Bundestagswahlen vorbereitet werden müssen, dann sind Europa- oder Landeswahlen an der Reihe.

Im saarländischen Landtagswahlkampf wiesen saarländische Journalisten auf den Wiederaufbauerfolg der CDU hin. Das könnten Brandt und seine Partei doch nicht bestreiten, meinten sie. Brandt sah das anders: »Das ist wie mit einem halb gefüllten Glas. Die CDU sagt, das Glas ist halb voll. Wir sagen, das Glas ist halb leer.«

ZUM ZWEITEN

Im Bundestagswahlkampf reiste Willy Brandt häufig mit dem Sonderzug durchs Land, so auch 1972. Damals hielt sein Zug unter anderem in Kiel. Der dortige Bundestagskandidat Norbert Gansel stieg ein, um seinen Parteichef abzuholen. Man sah Gansel an, dass er etwas auf dem Herzen hatte. Es dauerte aber einige Minuten, bis er mit der Sprache herausrückte. »Willy«, fing er vorsichtig an, »ich sehe an deinem Programm, dass du nur 25 Minuten reden willst!« Verwundert meinte der: »Das ist doch genug!« Gansel schüttelte den Kopf: »Du musst wissen, dass wir für die Ostseehalle eine Mark Eintritt nehmen, und da denken die Leute vielleicht: 25 Minuten sind ein bisschen wenig.« Das verstand Willy Brandt und hielt auftragsgemäß eine längere Rede. Als er geendet hatte, kam Norbert Gansel zu ihm nach vorn, schüttelte ihm die Hand und sagte: »Danke schön! Das war für 1,10 DM.«

ZUM DRITTEN

Überall, wo der Parteichef im Wahlkampf unterwegs war, erkundigte er sich, wie es denn so liefe. So auch in Dortmund. Dort fragte er seinen Parteifreund Lothar Hentschel. Dieser berichtete, dass sie mit den Hausbesuchen begonnen hätten. Einem Genossen sei dabei Folgendes passiert:

»Er klingelte an einer Tür. Eine Frau öffnete, und der Genosse begann mit seinem Spruch: ›Ich komme von der SPD, darf ich Sie einen Augenblick sprechen?‹ Darauf fing die Frau an, laut zu schimpfen: ›Sozialistenstrolch, Halbkommunist! Scheren Sie sich weg!‹ Und dann knallte sie die Tür zu.«

»Und?«, fragte Willy Brandt. Hentschel berichtete weiter: »Der Genosse nahm seine Liste und schrieb an den Rand: ›Noch unentschieden.‹«

GEWONNEN!

Auf dem Höhepunkt des Bundestagswahlkampfes 1972 fragte ein Journalist den Wahlkämpfer Brandt: »Was machen Sie, wenn Sie am 19. November das Wahlziel knapp verfehlen?« Brandt erinnerte daraufhin an die Olympischen Spiele im gleichen Jahr in München und an sein Gespräch mit der Sprinterin Heide Rosendahl. Da hätte er sie auch nicht gefragt, ob sie sich am nächsten Tag beim Staffellauf mit Silber begnügen würde. Er habe sie vielmehr darin bestätigt, dass sie Gold holen würde.

»Wer einen Wettkampf zu bestehen hat«, belehrte er sodann den Journalisten, »kann nicht zugleich Rechnungen aufmachen: Wenn so, dann so. Er muss vielmehr sagen: Das und das will ich! Und Sie wissen ja, in München haben unsere Staffelmädchen Gold geholt ...«

Willy Brandt wurde in diesen vorgezogenen Wahlen mit überwältigender Mehrheit als Bundeskanzler bestätigt.

FORTSCHRITT

Für die eher konservative Tageszeitung *Die Welt* schrieb Willy Brandt einen Gedenkartikel zum 150. Geburtstag von Otto von Bismarck. Der Artikel erschien unter der Überschrift »Bismarck und die deutsche Sozialdemokratie«. Als sich Parteifreunde erkundigten, warum er gerade diesen Titel gewählt habe, sagte ihnen Brandt, dass der Titel von der Redaktion geändert worden sei. Sein ursprünglicher Titel habe gelautet: »Bismarck und die Kunst des Möglichen«. Die Änderung habe ihn aber nicht gestört. »Das ist doch immerhin ein Fortschritt bei der *Welt*«, lachte Brandt, »dass sie die SPD als Kunst des Möglichen ansieht.«

ZU VIEL FETT

1974 wurde zu einer Zäsur in der deutschen Politik. Der verständnisvolle und tolerante Willy Brandt wurde von dem Macher, dem ungeduldigen und unnachsichtigen Helmut Schmidt als Kanzler abgelöst. Die Affäre Guillaume hatte einen Schock in den Gemütern ausgelöst. Brandt übernahm, wie es seine Art war, die Verantwortung und trat zurück. Er blieb aber Parteivorsitzender. Das Ergebnis der ersten Bundestagswahl von Helmut Schmidt 1976 fiel jedoch nicht so aus, wie sich das Willy Brandt nach seinem eigenen großartigen Wahlsieg vier Jahre zuvor für die SPD erhofft hatte.

Am Tag nach der Wahl eröffnete er die Parteivorstandssitzung mit den Worten: »Genossen, wenn wir in China lebten, würde ich jetzt mit dem Satz beginnen: ›Eine Kulturrevolution ist fällig!‹ Aber wir leben nicht in China!« Danach setzte er die Gardinenpredigt in typisch Brandt'scher Manier fort: »Die Nützlichkeit von Kulturrevolutionen ist umstritten.« Befreites Gelächter bei den Genossen. Der SPD-Chef jedoch war sichtlich unzufrieden und fuhr nun ernsthafter fort: Es sei unstreitig, dass die SPD buchstäblich und im übertragenen Sinne »ein bisschen Fett angesetzt« habe. Das sei nun aber nicht eine typisch sozialdemokratische Schwäche. »Aber«, schloss Brandt seine Manöverkritik, »ich hatte gehofft, dass meine Partei weniger davon zu tragen hätte, als sie tragen muss.«

»KOHL WIRD NIEMALS KANZLER«

In diesem Wahlkampf war Helmut Schmidts Gegenkandidat Helmut Kohl. Franz Josef Strauß, der selbst gerne Kanzlerkandidat geworden wäre, aber als Chef der kleineren Unionspartei keine Chance bekam, meinte nach der verlorenen Wahl, Kohl werde niemals Kanzler werden. Er sei dazu gänzlich unfähig.
Zwischen den beiden Unionschefs gab es keinerlei Sympathie. Merkwürdigerweise war das anders bei den Chefs

der beiden größten Parteien, wie sich noch herausstellen sollte.

Als Willy Brandt von einem Reporter nämlich gefragt wurde, ob er Strauß in diesem Punkt widerspreche, sagte Willy Brandt klar und deutlich: »Ja.« »Und warum?«, wollte der Journalist wissen. Brandt antwortete: »Ich habe, wie jeder weiß, Herrn Kohl nicht zum Kanzler empfohlen. Aber es gibt in der Union manchen, der ungeeigneter ist als Kohl.«

DAMPFWALZE

Zum 65. Geburtstag schenkten Mitarbeiter der SPD-Parteizentrale ihrem Chef eine Spielzeugdampfwalze. Die beiliegende Gebrauchsanweisung enthielt eindeutige Hinweise.

Unter Punkt 1 »Führerstand« war zu lesen: »Theoretischen Zutritt haben Vorsitzender, die Stellvertreter, Schatzmeister, Bundesgeschäftsführer. (Tatsächlich ist meistens nur Platz für den Vorsitzenden.)«

Punkt 2 »Brennschieber«: »Egon Bahr kann Flammenhöhe regulieren.«

Punkt 3 »Lenkrad«: »Willy Brandt (ausschließlich). Fernsteuerung kann eingebaut werden.«

Punkt 4 »Öleinführschraube«: »Schatzmeister Willy Dröscher hält sich besser ständig vorne auf, weil dauerndes Nachfüllen ratsam.«

AUSGESCHLOSSEN

Willy Brandt war also am Lenkrad der Partei, auch als der Ex-Juso-Chef Klaus-Uwe Benneter wegen »parteischädigenden Verhaltens« aus der SPD ausgeschlossen wurde. Vor allem die jüngeren Genossen solidarisierten sich mit Benneter. Als nun der Wirbel um den Ausschluss und Solidaritätsbekundungen Benneter erst recht populär machten, schnitt der Parteivorsitzende auf seine bedächtige und weise Art die Debatte mit den Worten ab: »Es gibt in der SPD kein Recht auf Ausschluss.«

EUROPA – EIN ABSTELLGLEIS?

Wenn es darauf ankam, konnte der Parteivorsitzende sehr deutlich werden. 1979 ging es um die Kandidatenauswahl für das Europaparlament. Für die SPD waren die ehemaligen Gewerkschaftsführer Loderer, Vetter und Wagner auf die Europa-Liste gesetzt worden. Das verärgerte manchen Genossen, dem die Gewerkschafter nicht immer das Leben leicht gemacht hatten oder der selbst gerne Kandidat geworden wäre.

Zu dieser Zeit fand, wie alljährlich an Pfingsten, das traditionelle Treffen der saarländischen SPD im »Deutsch-Französischen Garten« in Saarbrücken statt. Auch der Parteichef war gekommen, da er immer gerne den Kontakt zur Basis pflegte. Willy Brandt musste bei diesem Treffen die Kandidaturen der alten Gewerkschaftsbosse verteidigen. Auf den CSU-Kandidaten Otto von Habsburg anspielend, erklärte er: »Die legitimierten Vertreter der deutschen Gewerkschaften oder die Betriebsratsvorsitzenden können im Europäischen Parlament hundertmal mehr erreichen als abgetakelte kaiserliche Hoheiten!« Und dann ging der SPD-Chef auf die Kritik von Oppositionsvertretern ein, die die Europa-Politiker Adenauer und seinen französischen Kollegen Schuman beispielhaft hervorgehoben hatten. »Bei allem Respekt für diese beiden Politiker muss aber deutlich gesagt werden«, rief Brandt leidenschaftlich in den Saal, »dass demokratische Sozialisten für Europa schon aufgestanden waren, als andere noch im Tiefschlaf lagen!«

RÜCKTRITT ALS PARTEICHEF

Willy Brandt machte sich seine persönlichen Entscheidungen nie leicht. Aber wenn er entschieden hatte, waren sie klar, ohne Wenn und Aber und immer zur rechten Zeit. Nie ließ er sich, wie andere Politiker, zu einer Entscheidung drängen. So war es bei seinem Rücktritt als Bundeskanzler und so war es auch 1987.

Da ging es um die Nachfolge von Günter Verheugen als SPD-Sprecher. Parteichef Brandt und SPD-Geschäftsführer Peter Glotz waren sich einig: Diesmal sollte eine Frau dieses Amt übernehmen. Während Peter Glotz diese noch suchte, hatte Brandt sie schon gefunden. Seine Wahl war auf die 30-jährige Tochter des griechischen Journalisten Basil Mathiopoulos gefallen. Der Journalist war zu der Zeit in Bonn eine bekannte Figur. Er lebte und arbeitete in der Bundeshauptstadt als Emigrant, nachdem er, wie auch der berühmte Sänger und Komponist Mikis Theodorakis, vor der griechischen Obristenherrschaft fliehen musste. Die Tochter des Emigranten, Margarita Mathiopoulos, hatte in den USA, in Paris und Florenz studiert, war weltläufig und sprach fünf Sprachen fließend. Glotz war von der Wahl Brandts begeistert.

Beide Sozialdemokraten hatten jedoch nicht mit dem Sturm in der Partei gerechnet, den dieser Vorschlag auslösen sollte. Sogar an die Tatsache, dass es sich um eine Frau handelte, trauten sich damals einige heran. So erstreckte sich also die Kritik von »Intellektuelle, nicht ohne Reiz, aber am Herzen der Partei vorbei« (Gerhard Schröder, SPD-Oppositions-führer in Niedersachsen) bis zu dem ordinären »Titten-sozialismus« des SPD-Fraktionsvorsitzenden in Nordrhein-Westfalen, Friedhelm Farthmann.

Zunächst blieb Willy Brandt unbeeindruckt von der Aufre-gung, auch von dem Hauptargument der Genossen, die Griechin sei keine Sozialdemokratin. »Sie ist eine unorgani-sierte Sozialdemokratin«, erklärte der SPD-Chef, »und wird mit der Erlangung der deutschen Staatsbürgerschaft auch Mitglied der SPD werden. Ihre Berufung ist meine Ent-scheidung. Und es bleibt dabei!«

Die Partei fand sich aber auch nach dem »Basta« ihres Chefs nicht damit ab. Der Aufruhr dauerte so lange, bis die designierte Parteisprecherin Margarita Mathiopoulos am 23. März 1987 unter Tränen öffentlich auf das Amt verzich-tete: »Willy Brandt könnte durch meine Ernennung Scha-den nehmen.« Und das würde sie nicht ertragen.

War nun nicht wieder alles gut?

Keineswegs. Zwei Stunden später trat Willy Brandt als Parteivorsitzender zurück. Diese Entscheidung traf die Genossen hart. Sie war unumstößlich. Willy Brandt erklärte brüsk: Er wolle seiner Partei eine unzumutbare Diskussion um seine Person ersparen.

Nach dieser Erklärung zog er sich in sein Büro zurück und arbeitete dort bis spät in die Nacht. Sekretärin und Referent waren längst nach Hause gegangen, als er um 22:45 Uhr den Büroschlüssel außen ins Schloss steckte. Ein Journalist, der das beobachtete, fragte ihn: »Was fühlen Sie, Herr Brandt?« »Ich möchte jetzt dazu nichts sagen«, lautete dessen Antwort, aber dann im Weggehen sagte er es doch: »Es ist wahr. Ich bin erleichtert.«

Bei seiner offiziellen Verabschiedung als Vorsitzender tröstete Willy Brandt aber auch seine betrübten Genossen: »Politik ist nichts, worauf man sich pensionieren lassen kann.«

WORTE EINES GROSSEN VORSITZENDEN

Wie Willy Brandt dachte, zeigten sein klares Handeln und seine Worte, die in die Partei-Geschichte eingingen. Hier eine kleine Auswahl.

»Nichts ist vollkommen, auch nicht die SPD. Aber sie hat sich selbst in den dunklen Tagen der deutschen Geschichte nicht von ihrem Weg abbringen lassen. Wir haben Irrtümer korrigieren, aber uns keiner Gesinnungslumperei schämen müssen.«

»Auch die SPD hat nicht die ganze Weisheit gepachtet.«

»Der Begriff ›Neue Mitte‹ beschreibt natürlich nicht den Standort der Partei, sondern den Standort der sozialliberalen Koalition und ihre geschichtliche Funktion. Wer die Mitte nicht besetzt, kann in der Demokratie nicht über die Mehrheit verfügen. So einfach ist das. Wer die Mitte verliert, ist nicht regierungsfähig.«

»Die SPD ist keine Maschine, mit der man Probleme unter den Teppich kehrt.«

»Die SPD kann keine Plattform für Leute sein, die im Grunde eine andere Partei und eine andere Republik wollen.«

»Der lange Marsch der Reformen bringt mehr als alles revolutionäre Gerede.«

»Eine Partei wie die SPD ist kein Mädchenpensionat, jetzt vorausgesetzt, dass es dort immer so manierlich zugeht, wie man behauptet. Ich war ja noch nicht drin.«

»Was heißt denn SPD außer Sozialdemokratische Partei Deutschlands? Vielleicht heißt es auch noch: Seid perfekte Demokraten.«

Und als hätte er geahnt, was ihm eines Tages im Fall Mathiopoulos widerfahren würde, sagte er einmal hellsichtig: »Es könnte sein, dass manche mich zum Vorsitzenden gewählt haben, weil sie mich für tolerant halten. Aber ich bitte: Missbraucht nicht diese Toleranz.«

Der Alte und sein junger Herausforderer

WER A SAGT, MUSS AUCH B SAGEN

Bonn war bis zur Wiedervereinigung der beiden deutschen Staaten die Bundeshauptstadt. Hier entwickelte sich die Bundesrepublik bei allen Geburtswehen zu einer vorbildlichen und friedlichen Demokratie. Bonn verdankt diesen Platz in der Geschichte neben Willy Brandt einem konservativen Politiker. Konrad Adenauer, bis zur Machtübernahme durch Adolf Hitler Oberbürgermeister von Köln, war wie Willy Brandt von den Nationalsozialisten verfolgt worden. Beide haben die wichtigsten praktischen Ausbildungsjahre in der Politik als Bürgermeister erfahren. Der Rheinländer Konrad Adenauer prägte die erste deutsche Republik und ihre Politik, indem er die Beziehungen zum Westen festigte. Willy Brandt war der Politiker, der dieses Werk vollendete, indem er die Beziehungen zum Osten bahnte und dadurch die Wiedervereinigung Deutschlands ermöglichte – und erreichte, zu einer Zeit, da er schon selbst nicht mehr Bundeskanzler war.

Wer A wie Adenauer sagt, muss also auch B wie Brandt sagen.

Adenauer und die Unionsparteien hatten den Sozialdemokraten unter Willy Brandt jahrelang erfolgreich den Weg ins Kanzleramt verbaut. Sie lieferten der SPD einen erbitterten Wahlkampf, in dem sie auch unfaire und niveaulose Mittel nicht scheuten. Sie missdeuteten Willy Brandts Emigration unter den Nationalsozialisten und seine Namensänderung zu Tarnungszwecken von Herbert Frahm in Willy Brandt und sie missbrauchten seine uneheliche Geburt. Derartige Methoden wären für Willy Brandt undenkbar gewesen. Er äußerte sich zu diesen demütigenden Wahlkampfparolen nie. Das wäre nicht sein Niveau gewesen. Da war der Alte aus dem Rheinland weniger zimperlich.

Willy Brandt hat diesen ersten Wahlkampf wohl nie vergessen und wurde dadurch sicherlich nie ein Freund Konrad Adenauers, aber er anerkannte dessen Politik und konnte auch über dessen Humor lachen. So wie der über 80-jährige Politiker und Bundeskanzler auch über Willy Brandt einmal anerkennend sagte: »Die NATO-Mächte trotz vieler unterschiedlicher Auffassungen in der Berlin-Frage unter einen Hut gebracht zu haben, das hat allein der junge Mann aus Berlin fertiggebracht.« Wahlkampf war für Adenauer eben Wahlkampf. Er sah das pragmatisch und hat sich trotzdem oft und gerne mit dem »jungen Mann« unterhalten.

Adenauer und Brandt waren aus heutiger Perspektive betrachtet die beiden bedeutendsten Kanzler der Bonner Jahre. Beide hatten einen besonderen Humor. Von beiden gibt es viele Anekdoten. Wobei der Humor Brandts im Gegensatz zu dem des Rheinländers Adenauer nie verletzend war. Durch das häufige Zusammentreffen der beiden Politiker auf der nationalen wie der internationalen Bühne sind uns einige gemeinsame Geschichten erhalten geblieben. Zum Teil hatte sie Willy Brandt der Erzählerin persönlich notiert. So wurde Adenauers Bundeshauptstadt Bonn im Laufe der Jahre auch zu der Willy Brandts. Wer A sagt, muss auch B sagen.

STÖRMANÖVER

Nach Konrad Adenauers Rückkehr aus Moskau 1955, als es ihm gelungen war, auch die letzten deutschen Kriegsgefangenen von dort zurückzubringen, besprach er im Auswärtigen Ausschuss des Bundestages das deutsch-sowjetische Verhandlungsergebnis. Als Willy Brandt – damals Vertreter der geteilten Stadt im Parlament, aber noch nicht Regierender Bürgermeister – in die Diskussion eingriff, reichte ihm Adenauer einen Zettel hinüber, auf den er geschrieben hatte: »Bulganin ist an Berlin sehr interessiert. Er hat mich gefragt, ob Kempinski noch stünde. Er habe dort früher gut gegessen.«

Der smarte Nachwuchspolitiker Brandt, der sich von der typischen Taktik Adenauers nicht hatte aus dem Konzept bringen lassen, schob diesem ebenfalls einen Zettel zu, als dieser gerade wieder sprach. Auf die Tatsache anspielend, dass sich der Bundeskanzler damals kaum in Berlin sehen ließ, hatte Brandt geschrieben: »Wussten Sie, ob Kempinski noch steht?«

Viele Jahre später berichtete Brandt über diese kleinen gegenseitigen Störmanöver und ergänzte: »Ich habe Adenauers Notiz von damals gut aufgehoben. Wenn es mir mal schlecht geht, verkaufe ich sie an Kempinski, dafür kriege ich bestimmt ein paar Essen umsonst …«

Wie sehr er sich vor Adenauer vorzusehen hatte, erfuhr der Nachwuchspolitiker Willy Brandt kurze Zeit später ein weiteres Mal. Konrad Adenauer besuchte Berlin, was zu selten geschah nach Meinung der »Frontstädter«.

Nach einem gemeinsamen Essen fuhr er mit dem damaligen Regierenden Bürgermeister von Berlin, Professor Otto Suhr, zum nächsten Termin. Die beiden Herren saßen im Fond des Wagens. Unbemerkt offenbar von Adenauer, hatte sich Willy Brandt, damals Präsident des Berliner Abgeordnetenhauses, vorne neben den Fahrer gesetzt. Adenauer fragte den zu jener Zeit schon sehr kranken Otto Suhr teilnahmsvoll: »Herr Suhr, was macht die Gesundheit?« Suhr antwortete wahrheitsgemäß: »Es steht nicht zum Besten. Aber warum soll man klagen?« Adenauer besorgt: »Herr Suhr, Sie müssen unbedingt im Amt bleiben! Wer soll denn sonst die Geschäfte hier in Berlin übernehmen?«

Den »Regierenden« schien das nicht weiter zu beunruhigen: »Auch das ist kein Problem. Wenn ich ausscheide, wird Willy Brandt das auch können.« Adenauer sah das anders: »Wissen Se, was der will, der Brandt, der is janz jefährlich, der will Se weghaben.«

Es folgte ein langes Schweigen. Und Willy Brandt musste sehr an sich halten, um sich nicht bemerkbar zu machen. Erst später stellte der Bundeskanzler fest, dass Willy Brandt mit im Auto saß. Und ganz unbefangen sagte Adenauer zu Willy Brandt: »Ich habe mich eben mit Herrn Suhr über Blumenzucht unterhalten. Sagen Se mal, Herr Brandt, wofür interessieren Sie sich eijentlich?« – »Ich interessiere mich für Biografien«, versetzte Brandt. Darauf Adenauer: »Was wollen Se damit sagen?«

SPUTNIK

Offenbar unterhielt sich der Alte gerne mit dem jungen Brandt. Einmal fragte er ihn, das war 1957 und die Russen hatten gerade und noch vor den Amerikanern »Sputnik«, ihren ersten Satelliten, in die Umlaufbahn geschickt: »Wat halten Se denn davon, Herr Brandt? Ich glaube, dat is 'ne jroße Bluff!«

Der war jedoch anderer Meinung: »Herr Bundeskanzler, das glaube ich nicht. Ich habe übrigens gerade mit einem gemeinsamen Bekannten aus den USA gesprochen, der mir berichtete, die Intellektuellen dort seien böse auf ihre Regierung, weil sie den wissenschaftlichen Fortschritt nicht genug fördere.«

Darauf Adenauer überzeugt: »Ja, wenn dat so ist und die Brüder auf Trab kommen, dann hat die Sache ja auch wieder wat Jutes.«

WAS KANN MAN DA SAGEN?

Ein andermal erzählte Willy Brandt dem Alten von seinem Besuch beim amerikanischen Präsidenten. »General Eisenhower«, gestand Brandt, »hat mich mit seinen beiden Hauptthemen ganz schön in Verlegenheit gebracht: Erstens Gartenbau und zweitens moderne Waffen.« Darauf meinte Adenauer: »Dat is noch jar nichts. Als ich auf Eisenhowers

Landsitz war, hat er mir seine Prachtbullen gezeigt. Damit
konnte ich auch nichts anfangen.«

NIVEAULOS

1961, während des ersten Wahlkampfes, in dem Willy
Brandt als Kanzlerkandidat der SPD auftrat, wurde bereits
mit harten Bandagen gekämpft. Schon im Vorfeld hatten
einige der CDU/CSU nahestehende Zeitungen mit einer
gegen den Regierenden Bürgermeister von Berlin persönlich gerichteten Kampagne begonnen. Bei einem Besuch im
Palais Schaumburg fragte Brandt den Bundeskanzler und
CDU-Vorsitzenden, ob es zu verantworten sei, den Wahlkampf auf ein solches Niveau absinken zu lassen.
Adenauer gab sich ahnungslos: »Ich weiß nicht recht, was ich
dazu sagen soll, Herr Brandt. Wenn ich was gegen Sie hätte,
würden wir darüber doch von Mann zu Mann sprechen.«

KUCHENTELLER

Die beiden großen Parteien bekämpften sich in diesem
Wahlkampf auch auf den Sportplätzen. So umwarben CDU/
CSU und SPD die Fußballer und ihre Fans. Die einen ließen
auf den Sportplätzen Flugblätter mit dem Werbespruch verteilen:
»Der kluge Sportsmann, wie ihr wisst,
der überlegt genauer,
und wählt, weil er zufrieden ist,
die Mannschaft Adenauer!«

Die SPDler, nicht faul, dachten sich daraufhin folgenden Vers aus, den sie unter das Porträt Willy Brandts und die Abbildung der Fußballtrophäe, genannt der »Kuchenteller«, setzten:

»Den Kuchenteller diesem Mann!
Er muss auch Deine Stimme buchen,
dass er den deutschen Wirtschaftskuchen
gerechter noch verteilen kann!«

MINISTERINFLATION

Die SPD verlor zu Willy Brandts großer Enttäuschung die Bundestagswahlen, aber nur knapp. Und Konrad Adenauer hatte große Mühe, zusammen mit der FDP die neue Regierung zu bilden. Er musste dem aufmüpfigen Koalitionspartner immer weitere Zugeständnisse machen. Eines davon war die Vergrößerung des Kabinetts.

In der Bundestagsdebatte zur Regierungserklärung Adenauers spottete Willy Brandt: »Der Bundeskanzler verweist entschuldigend auf die Staaten, in denen es noch mehr Minister gibt als bei uns. Das ist ein überraschender Gesichtspunkt, bei dem, wenn man ihn weiter verfolgt, die Sowjetunion mit ihrer Ministerinflation zu einem noch unerreichten Vorbild wird.«

STERNSTUNDEN

Es gab zwei Sternstunden in der Bonner Politik, deren Bilder sich in die Köpfe der Menschen und in die Geschichtsbücher eingeprägt haben. Die erste war die Besiegelung der deutsch-französischen Freundschaft durch Adenauer und de Gaulle, die sich in der Kathedrale zu Reims die Hände reichten, die andere war der Kniefall Willy Brandts vor dem Mahnmal des Warschauer Ghettos.

Was weniger bekannt wurde, war das gute Verhältnis Willy Brandts zu de Gaulle. Weil er im Gegensatz zu Adenauer perfekt Französisch sprach, bekam er schon bei seinem ersten Paris-Besuch sofort einen guten Draht zum Staatspräsidenten. Willy Brandt nannte de Gaulle »Mon Général«.

NICHT GANZ GEHEUER

1962 besuchte Charles de Gaulle die Bundesrepublik. Anschließend unterhielt sich Konrad Adenauer mit Willy Brandt über das Ergebnis. »Wissen Se, Herr Brandt, mir war dat alles nicht ganz geheuer«, vertraute sich der Rheinländer, den schon der Volksjubel unter den Nazis misstrauisch gemacht hatte, dem Regierenden Bürgermeister an. »Die Leute haben zu viel gejubelt. Wem die wohl noch alles zujubeln werden! Schon jetzt habe ich mich gefragt, wo die Würde geblieben ist. Stellen Sie sich vor, die Bayern haben de Gaulle ein Bild vom Einzug Napoleons in München geschenkt!«

Aber auch der Regierende Bürgermeister von Berlin pflegte politische Überlegungen mit dem Alten zu erörtern. Im Herbst 1962 versuchte er Konrad Adenauer davon zu überzeugen, dass der seine Autorität als deutscher Regierungschef einsetzen sollte, um Großbritannien in die europäische Zusammenarbeit einzubeziehen. Dies aber entsprach nicht den Überlegungen des alten Herrn. Er erklärte das Willy Brandt auf seine Art: »Wissen Se, Herr Brandt, mit uns und den Franzosen wird das gehen, aber wenn die Engländer dazukommen, dann sind das drei, und bei dreien ist immer die Gefahr, dass zwei Kippe machen. Und ich fürchte, dass wir dabei der Dritte sind.«

GLOBALE POLITIK

Willy Brandt und Klaus Schütz, damals Bevollmächtigter des Landes Berlin beim Bund, besuchten den Bundeskanzler im Herbst 1962 in seinem Urlaubsort Cadenabbia am Comer See. Dabei diskutierten die beiden Berliner mit dem Kanzler, wie die erst kürzlich eingerichtete Treuhandstelle für den Interzonenhandel mit dem damaligen Leiter Dr. Leopold zu einem Organ für eine umfassende Zusammenarbeit zwischen den beiden Teilen Deutschlands ausgebaut werden könne. Adenauer beschäftigte gleichzeitig der Gedanke, wie sich der Gegensatz zwischen Moskau und Peking auf die deutsche Entwicklung auswirken würde. Als die Herren anschließend beim Mittagessen saßen, hob der Alte sein Glas zum Toast: »Auf Leopold und die Chinesen!«

DREI IN EINEM WAGEN

Zu dritt fuhren die drei Politiker beim Besuch des amerikanischen Präsidenten 1963 im offenen Wagen durch Berlin: John F. Kennedy, Adenauer und Brandt. Vor dem Essen in der Brandenburghalle hatte Adenauer noch ein kurzes Gespräch mit dem Präsidenten. Später meinte Kennedy verwundert zum Regierenden Bürgermeister: »Wissen Sie, dass mich der alte Herr eben noch einmal vor den Sozialdemokraten gewarnt und mir gesagt hat, ich solle mich von Ihnen nicht einwickeln lassen?« Willy Brandt nahm das locker: »Nehmen Sie das nicht tragisch. Wenn Sie wüssten, vor welchen Amerikanern mich der alte Herr schon gewarnt hat!«

UNSERE STADT MUSS SCHÖNER WERDEN

Ende 1963, nach dem Rücktritt Adenauers, berichtete der Regierende Bürgermeister Journalisten über den Wiederaufbau von Berlin. Dabei überraschte er die Presse mit der ehrlichen Mitteilung: »Mit Bundeskanzler Adenauer hat es da nie Schwierigkeiten gegeben.« Brandt erläuterte weiter, Adenauer sei, was die finanzielle Unterstützung anginge, Berlin gegenüber stets großzügig gewesen. Bei Stadtbesichtigungen habe der Bundeskanzler ohne Rücksicht auf die Kosten wiederholt erklärt: »Da können Se noch wat besser machen!« Willy Brandt fasste zusammen: »Adenauer ist als alter Oberbürgermeister schon lange der Meinung: Geld ist dazu da, um ausgegeben zu werden.«

Als der Alte dann zwar nicht mehr Bundeskanzler war, aber nach wie vor als Abgeordneter im Bundestag saß und zudem Kiesinger ab und an beim Regieren »half«, erwähnte Willy Brandt in einer Besprechung, bei der es um die Probleme Berlins ging, die Kritik einiger Berliner CDU-Leute an seiner Ausgabenpolitik. Adenauer winkte ab: »Ach, hören Se damit auf, das sind Esel.«

WIE IN DER SCHWEIZ

Nach einer Reise in den Fernen Osten wurde Willy Brandt von Konrad Adenauer zu einem Abendessen ins Palais Schaumburg eingeladen. Der Gastgeber erkundigte sich bei seinem Gast: »Nun sagen Se mal, Herr Brandt, wie war dat nun in Japan?« Der Regierende Bürgermeister antwortete locker: »Ach, Herr Bundeskanzler, wenn Sie das mit den Geishas meinen, das ist ganz anders, als man es sich bei uns vorstellt.«

Darauf der Alte: »Lassen Se mal, dat is da auch nicht anders als anderswo. Dat hat mir ein Kunsthändler aus der Schweiz janz jenau erklärt.«

ANTIQUITÄT

Nach dem Staatssekretär im Auswärtigen Amt Walter Hallstein war eine Regel benannt worden, die in der Politik während der Ära Adenauer 15 Jahre galt, die sogenannte Hallstein-Doktrin. Sie besagte, dass Staaten, die die DDR als Staat anerkannten, mit Sanktionen zu rechnen hatten. Im

Zuge der Brandt'schen Verständigungspolitik mit dem Osten wurde es auch für die CDU immer schwieriger, diese Regel durchzuhalten.

1963, bei einem Besuch im Schöneberger Rathaus in Berlin, fragte Adenauer den Regierenden Bürgermeister ziemlich unvermittelt: »Was halten Sie eigentlich von der Hallstein-Doktrin?«

Brandt antwortete verwundert: »Warum fragen Sie gerade mich danach?« Darauf der pragmatische Alte: »Ach, wissen Se, manchmal muss man eine Sache loswerden, solange man noch etwas dafür bekommt.«

ENTTÄUSCHUNG

Einige Monate später musste Konrad Adenauer, so sah es der Koalitionsvertrag mit der FDP vor, das Kanzleramt an seinen Wirtschaftsminister Ludwig Erhard abtreten – obwohl er ihm dieses Amt nicht zutraute. Doch Adenauer, der auf die 90 zuging, wurde diese Last angeblich zu schwer.

Ein halbes Jahr später, auf einem außerordentlichen SPD-Parteitag, übte Willy Brandt, der gerade zum neuen Parteivorsitzenden gewählt worden war, harte Kritik an den innenpolitischen Versäumnissen der neuen Erhard-Regierung: »Die Dinge kommen nicht vom Tisch. Es bewegt sich nichts.« Dann spottete er: »Im vergangenen Jahr ist nicht viel mehr im Bundestag verabschiedet worden als ein umstrittenes Mieten-Gesetz und ein vergrämter Bundeskanzler.«

MEHR DEMOKRATIE WAGEN

Die Regierung Erhard blieb ein Zwischenspiel. Aber das Leben in der Bundeshauptstadt am Rhein ging noch eine Weile so weiter. Die Abgeordneten, die Anfang der Woche anreisten, waren froh, wenn sie am Ende der Woche wieder abreisen konnten.

Die Bayern sagten: »Das Schönste an Bonn ist der Zug nach München.«

Und von den Rheinländern stammte folgendes Ondit über die durchaus reizvolle Stadt am Rhein: »Entweder man es möd, oder es rent oder die Schranken sin erunter.« Das Müdesein ist auf das Bonner Klima zurückzuführen, das angeblich nur Pensionären bekommt. Regnen tut es viel in Bonn. Und die Schranken sind so oft herunter, weil die Bahnstrecke mitten durch die Stadt führt.

Nach einem weiteren Zwischenspiel mit der Großen Koalition unter Kiesinger folgte dann endlich die Regierung Brandt mit zunächst drei Stimmen Mehrheit. Das waren immerhin zwei mehr als bei der ersten Regierung Adenauer, von der es hieß, er habe sich mit seiner eigenen Stimme selbst gewählt. Bonn atmete auf. Der Visionär prägte die Republik mit seinen neuen Gedanken. Von ihm wurde die Umwelt erstmals in das Regierungsprogramm einbezogen mit »dem blauen Himmel über der Ruhr«, und von ihm wurde der fortschrittliche Satz geprägt: »Mehr Demokratie wagen.«

DIE MACHER

Die beschaulichen Bonner Jahre gingen ihrem Ende zu. Danach kam Helmut Schmidt, »der Macher«.

Eines Tages gab es eine zweitägige Raketendebatte im Bundestag. Willy Brandt wollte mit der SPD-Fraktion mit »Nein«, also gegen die Stationierung von Mittelstreckenraketen in der Bundesrepublik stimmen. Es gab aber 25 Sozialdemokraten, unter ihnen Exkanzler Helmut Schmidt – denn inzwischen war Helmut Kohl an der Macht –, Hans Apel, Hans-Jürgen Wischnewski und Hans Matthöfer, die sich der Stimme enthalten wollten. Faktisch aber votierten sie damit gegen das absolute Nein der übrigen Sozialdemokraten.

Die 25 erhielten unerwartete Schützenhilfe. Willy Brandt verzehrte im Bundeshaus-Restaurant während der Marathondebatte ein Käsebrot. Er überhörte das Klingelzeichen, das die Abgeordneten zur Abstimmung rief. Als er dann etwas außer Atem im Plenarsaal erschien, war alles schon vorüber. Brandts Enthaltung wurde jedoch neutralisiert durch den CDU-Mann Wilhelm Jung. Der Lörracher Bäckermeister hatte sich in seinem Büro aufs Ohr gelegt und so ebenfalls das Klingelzeichen verpasst.

Helmut Schmidt machte sich über die »Schlafmützen« lustig. Auf die Abstimmung käme es ja nun nicht mehr an. »Hauptsache, wir sind alle für den Frieden. Den Rest muss man den Machern überlassen.«

Als Helmut Schmidt, der Macher, noch an der Regierung war, wechselten ein paar SPD-Abgeordnete in die CSU über. Der SPD-Vorsitzende Brandt meinte, dass so etwas immer schon mal von Zeit zu Zeit geschehen sei, auch in umgekehrter Richtung. An diesem Fall fand er nur ärgerlich, dass nicht gerade Wahlen bevorstanden, durch die man dann hätte beweisen können, dass die Wechsler nicht »mehr Wähler für die anderen auf die Beine bringen. Da wäre die Luft raus aus dem Ballon.« »So«, meinte Willy Brandt weiter, »wird bis dahin der Ballon noch ein bisschen aufgeblasen, um ihn der SPD vor die Nase zu halten.«

Das jedenfalls sei die Strategie des CSU-Chefs Franz Josef Strauß. Es sei ja schließlich kein Zufall, fand Willy Brandt, dass es schon eine Weile Kontakte von diesem zu jenen gegeben habe, die sich innerlich von der SPD entfernt hatten. Brandt nannte dann diese Abweichler erbost »einen Förderverein für Strauß«.

Einem Journalisten leuchtete das nicht ein. Warum sich die Rechtsabweichler in der SPD dann aber auf ehrenwerte Genossen wie Reuter, Erler und Schumacher berufen hätten? Auch darauf wusste Willy Brandt eine Antwort: »Das kennt man doch. Auch Kollegen von der Union äußern sich heute viel freundlicher über Kurt Schumacher als zu seinen Lebzeiten. Und ich äußere mich heute – auf Abstand – ja auch viel freundlicher über Adenauer.«

ÜBEREINSTIMMUNG

Adenauer und Brandt hat ein gewisser politischer Grundkonsens verbunden, den Brandt einmal in einem Satz zusammenfasste: »Dass wir eines aktiven West-Ost-Ausgleichs bedürfen, hatte der 90-jährige Adenauer besser verstanden als mancher seiner 50-jährigen Erben.«

Vatertage oder: Werdet auch so tolerant wie der Vater Willy Brandt

JUNGE REBELLEN

Drei Söhne und eine Tochter – das ist eine stattliche Kinderzahl und entspricht nicht mehr unserer heutigen Durchschnittsfamilie. Aber die Familie Willy Brandts war auch schon eine Patchworkfamilie. Dies geschah aber in erster Linie durch die unruhigen Zeiten und nicht aufgrund veränderter Sitten und Gebräuche wie heutzutage. Ninja, die Tochter, wurde in Norwegen geboren, wohin der junge Herbert Frahm, ein glühender Sozialdemokrat, vor den Nazis geflohen war. Die Söhne Peter, Lars und Matthias kamen in Berlin auf die Welt. Beide Mütter waren Norwegerinnen.

Herbert Frahm, der sich in Willy Brandt umbenannte, um sich im Nazi-Deutschland längere Zeit illegal aufhalten zu können, hatte als unehelicher Sohn einer kleinen Verkäuferin in Lübeck eine zerrissene Kindheit erlebt. Später, als seine beiden älteren Söhne sich politisch engagierten und an Demonstrationen teilnahmen, wurde ihm vorgeworfen, er habe sie als Vater nicht genug »unter Kontrolle«. Wahr ist, dass alle Kinder ein gutes Verhältnis zum Vater hatten, der jedoch selten zu Hause sein konnte. Seinen Kritikern war Willy Brandt als Vater einfach zu tolerant. Das aber entsprach seinem Charakter.

Willy Brandt sagte einmal: »Es hat bei mir auch eine Zeit gegeben, da passte ich in keine Hose hinein; die kurzen waren mir zu kurz und die langen noch zu lang. In diesem Alter muss man junge Menschen rebellieren lassen, sonst kommen sie später nie zur Ruhe.«

Und er hatte auch nicht, was manch ein Erwachsener tut, vergessen, wie er selbst einmal war: »Ich habe mir in meiner Jugend auch keine Vorschriften machen lassen.«

FAMILIENLEBEN

Sohn Lars hat vor vielen Jahren einmal beschrieben, wie das Familienleben bei den Brandts funktionierte: »Bei uns herrschte das Prinzip der Nichteinmischung.«

»Normungen, die man selbst vornimmt in der Beurteilung verschiedener Erscheinungen«, führte der kluge Lars dann weiter aus, »werden nicht einfach für den anderen bindend gemacht.«

Die Familie war eigentlich dagegen, als die SPD mit der CDU/CSU die Große Koalition bildete und Brandt als Außenminister und Vizekanzler nach Bonn ging. Rut Brandt war dagegen: »Weil ich lieber in Berlin geblieben wäre.« Und Peter demonstrierte sogar gegen die Große Koalition. Trotzdem gab es keine familiäre Auseinandersetzung. Willy Brandt formulierte das auf seine unnachahmliche Art: »Demokratisierung in der Familie heißt doch nicht, dass darüber abgestimmt wird, wer der Vater ist.«

VATER WERDEN

Als Willy Brandts erster Sohn, Peter, geboren worden war, betrachtete der glückliche Vater das kleine Wesen etwas unbeholfen. Alles, was er herausbrachte, war: »Na, er wird ja wohl mal etwas größer werden.«

KINDLICHES VERSTÄNDNIS

Sohn Lars, gerade sieben Jahre alt, begleitete seinen Vater an einem Nachmittag zu einer Veranstaltung. Auf dem Heimweg fragte Lars: »Was hast du eigentlich in deiner Rede mit Tarzan in der Politik sagen wollen?« Das Thema der Ansprache Willy Brandts hatte gelautet: »Tatsachen in der Politik.«

MONARCHIST

Der elfjährige Peter Brandt interessierte sich sehr für Geschichte und war außerdem in diesem Alter ein leidenschaftlicher Monarchist. Konstantin Prinz von Bayern, damals CSU-Bundestagsabgeordneter, und Peter trafen bei einer der zahlreichen Bonner Gelegenheiten aufeinander. Der Brandt-Sohn fand das ganz aufregend. »Hab ick det richtig mitgekriegt? Sind Sie ein Prinz von Bayern?«, fragte er sofort. Konstantin antwortete ihm freundlich mit Ja. Darauf Peter nach kurzem Nachdenken: »Ja, da hätte ich noch 'ne Frage: Möchten Sie nicht gerne König werden?«

GESCHICHTSBEWUSST

Ein österreichischer Rundfunkjournalist, der über die Familie Brandt eine Reportage machte, fragte den 12-jährigen Peter Brandt: »Wer kann besser Geschichte, du oder dein Vater?« Peter überlegte einen Augenblick und antwortete dann: »Ach, ich denke, von 1789 an jedenfalls er.«

MISSTRAUEN

Es ist schon länger her, da beschwerte sich Lars einmal: »Solange ich denken kann, ist mir bewusst, dass ich, ohne selbst etwas dazu getan zu haben, im Blickpunkt stehe.« Er sei dadurch misstrauisch geworden. Und das sei nicht gesund. »Ich frage mich immer, wenn jemand meine Bekanntschaft sucht: Was will der von dir? Das ist sicher wieder nur dein Name, der ihn anzieht. Ich bin nun einmal ›der Brandt‹. Aber es wächst mir manchmal zum Halse heraus.«

VORNEHMES ESSEN

Vielleicht war Peter als Kind der Unbefangenste von den dreien. Bei einem Essen, das der deutsche Botschafter in Norwegen, Georg von Broich-Oppert, für den Regierenden Bürgermeister und dessen Familie in Oslo gab, wurden die einzelnen Gänge in größeren zeitlichen Abständen aufgetragen. In eine ausgedehnte Pause platzte plötzlich die helle Stimme des Brandt-Sohnes Peter: »Sagen Sie, Herr Graf, gibt es denn hier noch etwas zu essen?«

NOTFALLS

Wieder einmal wurde Peter Brandt von einem neugierigen Reporter ausgefragt: »Und du willst Archäologe werden?« Der 13-Jährige antwortete munter: »Ja, das stimmt.« Der Reporter war keineswegs zufrieden damit und fragte neugierig weiter: »Willst du denn nicht lieber Politiker werden wie dein Vater?« Peter dachte gründlich nach und meinte dann wenig begeistert: »Na ja, wenn alles andere nischt wird …«

ES GING UM DIE FREIHEIT

Im Februar 1962 schwänzten Peter und Lars Brandt die Schule, weil sie unbedingt Ethel und Robert Kennedy bei ihrem Berlin-Besuch persönlich erleben wollten. Der amerikanische Justizminister freute sich über die Begeisterung der Jungs und schrieb ihnen ohne zu zögern eine Entschuldigung. Der Text des Kennedy-Briefes lautete: »Entschuldigen Sie bitte, dass Peter und Lars heute nicht zur Schule kommen. Sie sind mit sehr wichtigen Dingen beschäftigt, welche die Freiheit der Vereinigten Staaten und Berlins betreffen. Ich hoffe, wir dürfen uns eines Tages wieder an Sie wenden. Sie haben uns sehr geholfen. Herzlichen Dank, Bob Kennedy.«

AUS BERUFENEM MUNDE

Im Bundestagswahlkampf 1965 kreuzten sich in Saarbrücken die Wege von Bundeskanzler Erhard und dem SPD-Kanzlerkandidaten. Willy Brandt wurde diesmal von seinem Sohn Lars begleitet. Die beiden Politiker sprachen nur einige Hundert Meter voneinander entfernt auf Wahlkundgebungen. Lars Brandt nutzte die Gelegenheit, um sich unter die Zuhörer Ludwig Erhards zu mischen. Anschließend fasste er sein Urteil in dem Satz zusammen: »So schlecht bist du ja gar nicht, Vati.«

TECHNISCHER VERGLEICH

Es gibt nichts, was sich nicht noch steigern ließe. Gemeinsam mit Wahlkampfmanager Klaus Schütz besuchte Lars eine weitere Wahlveranstaltung von Ludwig Erhard, um die Wahlkampftechnik des Bundeskanzlers zu studieren, diesmal in Oberhausen. In den Wahlsonderzug zurückgekehrt, erklärte Sohn Lars dem Vater: »Du gefällst mir viel besser.«

KATZ UND MAUS

In Danzig wurde 1966 Günter Grass' Novelle *Katz und Maus* verfilmt. Die Brandt-Söhne Peter und Lars durften mitwirken. Das löste noch vor der Aufführung des Films eine heftige Kampagne aus. Gegner Willy Brandts versuchten, die Sache zu einem politischen Skandal hochzuspielen. Willy und Rut Brandt wurden in anonymen Briefen beschimpft und beleidigt.

Willy Brandt bemühte sich, die Nerven zu behalten: »Die Absicht ist, mir politisch zu schaden. Aber ich halte solche durchsichtigen Manöver aus.«

ÜBERZEUGUNGSTÄTER

Die Entscheidung für die Bildung der Großen Koalition war gefallen. Viele SPD-Funktionäre, die zuvor entschiedene Gegner eines Zusammengehens mit den Unionsparteien gewesen waren, hatten sich in einer Sitzung des Parteirates den Argumenten Brandts und seiner Freunde gebeugt. Gutem sozialdemokratischem Brauche entsprechend versprachen sie nun, die Entscheidung auch daheim vor den Genossen loyal zu vertreten.

Am Schluss der Sitzung sagte Willy Brandt: »Heute Abend, so höre ich gerade, findet in Berlin eine Protestkundgebung gegen die Große Koalition statt. Wie ich meinen Sohn Peter kenne, ist er bestimmt dabei.« Dann seufzte er tief: »Söhne zu überzeugen ist oft schwieriger als Politiker.«

ARBEITSBESUCH

Matthias Brandt, Sohn des Bundesaußenministers, und Sebastian Schütz, Sohn des Staatssekretärs im Auswärtigen Amt und Nachbar der Familie Brandt auf dem Bonner Venusberg, spielten auf der Straße. Ein Wagen mit Zeitungsreportern, die Klaus Schütz interviewen wollten, hielt neben den Jungen. Der siebenjährige Sebastian erkundigte sich: »Wollen Sie zu uns? Ich bin der kleine Schütz.« Darauf der ein Jahr jüngere Matthias: »Wenn Sie zum Chef wollen, der wohnt nebenan. Ich bin nämlich der kleine Brandt.«

LINKS, LINKER …?

Auf seiner ersten Rumänienreise 1967 nahm der Bundesaußenminister seinen fast 16-jährigen Sohn Lars mit. Der Journalist einer Bukarester Jugendzeitung wollte den jungen Mann interviewen und bat den deutschen Außenminister um Erlaubnis. Vater Brandt meinte etwas zögernd: »Das muss Lars selbst entscheiden. Wenn Sie aber mit einem Linken sprechen wollen, hätte ich besser meinen Sohn Peter mitbringen sollen …«

Den Anforderungen des rumänischen Nachwuchses entsprach Lars dagegen voll. Er schloss nämlich Freundschaft mit Alexandra Manescu, der Tochter des rumänischen Außenministers. Die jungen Leute diskutierten heftig über Marx und Mao. Am nächsten Tag beschwerte sich Außenminister Corneliu Manescu bei seinem deutschen Kollegen: »Das ist ja die Höhe! Ich musste mir von meiner Tochter sagen lassen: ›Wenn du den jungen Brandt hören würdest! Der geht ganz anders an die Sache ran.‹ Jetzt stehe ich ja vor meiner Tochter wie ein schlapper Hund da!«

... AM LINKESTEN

Jugoslawische Regierungsmitglieder trafen sich im Juni 1968 in Belgrad mit Bundesaußenminister Willy Brandt zum ersten Meinungsaustausch über Fragen der europäischen Politik. Ein jugoslawischer Minister nahm Brandt vor dem Gespräch beiseite: »Bevor wir anfangen, soll ich Ihnen von meiner Tochter ausrichten, es sei ihr ziemlich egal, was bei unserer Konferenz herauskomme, aber sie möchte Ihnen durch mich sagen lassen, wie sehr sie auf der Seite Ihres Sohnes Peter steht ...«

KLEINES MÄDCHEN

Willy Brandts Älteste lebte in Norwegen bei ihrer Mutter. Jedes Jahr aber besuchte Ninja von Oslo aus in den Sommerferien ihren Vater in Berlin. Als sie 16 Jahre alt war, reiste sie mit Freundinnen im Rahmen eines Jugendreiseprogramms von Berlin nach Barcelona. Die spanische Ferienmutter jammerte immer wieder: »Hat dir denn dein Vater keinen richtigen Namen gegeben?« Denn »Ninja« bedeutete im Spanischen nichts anderes als »kleines Mädchen«. Die Señora war erst beruhigt, als sie erfuhr, dass Ninja auch noch »Carlotta« heißt, wie ihre Mutter.

Ein anderes Mal nahm der Regierende Bürgermeister seine Tochter zu den Berliner Filmfestspielen mit. Es gab einiges Aufsehen, als er nicht mit Rut, sondern mit einer unbekannten jungen Frau dort erschien. Willy Brandt sagte daraufhin zu einer Bekannten: »Die sollen sich ruhig wundern. Wenn

Sie Auskunft geben müssen, sagen Sie wahrheitsgemäß, ich hätte eine gute Freundin meiner Frau ausgeführt.«

VÄTER UND SÖHNE

Beim »Ostasiatischen Liebesmahl« in Hamburg, dem jährlichen Festdinner des 1900 gegründeten Netzwerks der deutschen Asienwirtschaft, sprach Willy Brandt über das Thema »Väter und Söhne«. Er zitierte: »Da gibt es das über 300 Jahre alte Wort des schwedischen Reichskanzlers Oxenstierna: ›Wenn du wüsstest, mein Sohn, mit wie viel Dummheit die Welt regiert wird!‹. Das hat sich ja nun geändert. Jetzt sagen die Söhne den Vätern: ›Wenn du wüsstest, mein Vater, mit wie viel Dummheit die Welt regiert wird!‹.« Willy Brandt machte eine kleine nachdenkliche Pause und versuchte sich dann an einer weiteren Variante des berühmten Zitats: »Wir können nur hoffen, dass die Söhne in 20 Jahren dann so weit sind, ihren Söhnen wiederum zu sagen: ›Wenn du wüsstest, mein Sohn, mit wie viel Dummheit ich die Welt regieren wollte!‹.«

VORRECHT DER JUGEND

Für die Radikalität der jungen Generation hat Willy Brandt immer viel Verständnis gezeigt. Und das nicht nur, weil seine Söhne Lars und Peter in den 70er-Jahren zu den Kritikern des Establishments gehörten.
»Ich habe in meiner Jugend auch aufgemuckt«, erinnerte sich Brandt einmal, als er vom Vorrecht der Jugend sprach,

Kritik zu üben, Zweifel anzumelden und ungeduldig zu sein. Und dann berichtete er von einer Episode aus seiner Sturm-und-Drang-Zeit: »Damals bin ich mal im Lübecker Gewerkschaftshaus aufgetreten, und als mir jemand vorhielt, dass ich doch wohl noch zu jung sei, um mich zu diesen oder jenen Dingen zu äußern, habe ich aus meiner damaligen Unbefangenheit heraus geantwortet: ›Jeder Esel kann alt werden, denn das Alter kommt von selber, nicht aber auch der Verstand.‹«

Von den Frauen

FRAUENLOB

Frauen schätzten ihn. Sie wählten ihn, eher als ihre Ehemänner. Die Franzosen würden sagen, Willy Brandt war un homme à femmes. Seine Parteifreundin Heidemarie Wieczorek-Zeul versuchte, diese Wirkung in folgende Worte zu fassen:

»Willy Brandt war ein Mann, der Frauen anzog. Es ist meine feste Überzeugung, dass dieses vor allem darin begründet lag, dass die Frauen – wie ich selber auch – spürten, dass er unseren Werten viel näher war, weil er einen Teil dieser Werte selbst gelebt hatte. Er war eben stark, weil er nicht autoritär war, sondern auch Schwäche zugestehen konnte. Er war eben ein Mensch.«

Die besondere Wahrnehmung durch das weibliche Auge ging quer durch die Parteien und Altersgruppen. Die CDU-Bundestagspräsidentin Rita Süssmuth formulierte das Lob überhöhter: »Der Weg Willy Brandts spiegelt wie kaum ein anderer die wechselvolle Geschichte unseres Volkes in diesem Jahrhundert wider.«

Und bei Marlene Dietrich klang die Begeisterung so: »Jahrelang habe ich ein Symbol in Deutschland gesucht, an das ich mich klammern kann. Jetzt kann ich mich an Willy Brandt halten.«

Marlene war nicht die Einzige, die für Willy Brandt schwärmte:

»… man möchte Ihnen so viel sagen und weiß nicht recht, wie.« *(Romy Schneider)*

»Ich verehre ihn.« *(Senta Berger)*

»Ich bin ein Willy-Brandt-Fan.« *(Katja Ebstein)*

»Man glaubt ihm, was er sagt, und man meint auch, dass er nur sagt, was er selber glaubt. Diese Wirkung ist Willy Brandts großes Kapital.« *(Maria Stein, Journalistin)*

»Willy ist einer der sexiesten Männer, die ich kenne. Er wirft mich einfach um.« *(Sandie Shaw, britische Popsängerin)*

»Dieser Mann lebt nach innen. Sein Wesen ist gerade, sein Charme bedächtig, er tut nichts, um zu wirken. Hat man erst einmal Kontakt, dann ist er offen und direkt.« *(Eva Windmöller, Journalistin)*

»Wer Breschnew ins Auge schaut und dabei Kiesingers Faust im Nacken spürt, an Barzel denkt und in keine Grube fällt, die ihm Strauß gegraben hat, der ist als Staatsmann groß, als Diplomat unumstritten, als Mensch ein Sieger.« *(Lore Lorentz vom Kabarett »Kom(m)ödchen«)*

»Preiß hi oder Preiß her, mia is a jedenfalls liaber als die asiatische Grippe.« *(Eine Altmünchnerin)*

Die begleitenden Journalisten erlebten bei Willy Brandts Besuch als Außenminister 1969 in Washington, wie ihn die Menschen auf der Straße erkannten und ihm zuwinkten. Und als er die Halle seines Hotels betrat, fielen ihm zwei stark geschminkte Amerikanerinnen um den Hals und ließen ihn gar nicht mehr los.

ERFINDER-SPRACHE

Willy Brandt war wohl gerade Regierender Bürgermeister von Berlin geworden, als er eine Reise nach Indien antrat. In New Delhi wurde er von Lady Mountbatten empfangen, von der es hieß, sie sei nicht besonders deutschfreundlich. Gerade für solche Fälle war Brandt als ehemaliger Emigrant aus Hitler-Deutschland eine diplomatische Geheimwaffe. Jedenfalls begrüßte die Lady den Berliner Besuch mit entwaffnender Liebenswürdigkeit und verblüffte ihn gleich in den ersten Sätzen mit der Frage: »Warum reden wir nicht Deutsch?« Brandt meinte daraufhin etwas übermütig: »In der Tat, man hat ja auch gefragt, warum der Sputnik und der Explorer neulich, als sie einander im Weltraum begegneten, sich nicht auf Deutsch begrüßten.«

AUFMERKSAM

Nach einer stundenlangen Wanderung 1967 über die Frankfurter Buchmesse machten Willy Brandts Begleiter plötzlich Druck. Es sei allerhöchste Zeit, wolle man nicht das Flugzeug nach Berlin verpassen.

Als die kleine Gruppe eilig dem Ausgang der Messehalle zustrebte, hörte Brandt von seiner Begleitung, eine Fotografin habe geklagt, dass sie nicht in ihrer Redaktion erscheinen dürfe, ohne den Bundesaußenminister »im Kasten zu haben«.

Willy Brandt blieb sofort stehen: »Wo ist die Fotografin?« Sie drängte nach vorn, und Brandt sagte: »Ich muss sofort nach Berlin, aber ich würde mir Vorwürfe machen, wenn ich einen Menschen zurückließe, dem ich schon mit ein paar Sekunden Verspätung helfen kann.«

Glücklich »schoss« die Fotografin ihr Bild.

BESCHEIDENHEIT

Willy Brandt unterhielt sich im Wahlkampf 1961 mit Vertreterinnen sozialdemokratischer Frauenorganisationen. Eine Funktionärin schwärmte ihn an: »Endlich kommen in der Politik auch junge Männer nach vorn!« Der Regierende Bürgermeister wehrte ab: »Ach, wissen Sie, wäre ich nicht Politiker geworden, dann wäre ich mit meinen 47 Jahren heute nur ein älterer Angestellter.«

GROSSE KOALITION

Aufmerksam betrachtete Willy Brandt eine Karikatur, auf der das Verhältnis zwischen SPD und CDU durch Adam und Eva dargestellt war. Damals hatten die beiden großen Parteien eine Koalition gebildet, der Willy Brandt nur zögernd zugestimmt hatte.

Über die Karikatur schmunzelte er: »Ich als Adam, den Eva umwirbt, das ist sehr schmeichelhaft für mich.« Aber dann schüttelte er den Kopf: »Ich muss sagen, ohne dass nun daraus eine Koalitionskrise wird, diese Strickstrumpf-Union ist keine Sünde wert.«

MESALLIANCE

Auf einer Party der Berlinale 1959 hatte Rut Brandt einen Filmstar aus Hollywood zum Tischnachbarn. Dem Amerikaner war die Überraschung darüber vom Gesicht abzulesen, dass eine so hübsche Frau »nur« einen Politiker zum Mann hatte. Da musste doch etwas dahinterstecken, vermutete er und erkundigte sich: »War Ihr Mann denn reich, als Sie ihn heirateten?« Rut Brandt: »Nein.« Der Filmheld suchte weiter nach einer Lösung des Rätsels: »Aber Sie wussten, dass er Regierender Bürgermeister von Berlin werden würde?« Frau Brandt antwortete erstaunt: »O nein, wie konnte ich!« Darauf der Amerikaner fassungslos: »Ja, warum haben Sie ihn dann geheiratet?«

BERLIN-SYMBOL

Über die Locke auf dem Vorderhaupt des Regierenden Bürgermeisters von Berlin unterhielten sich Rut Brandt und die Frau des Wirtschaftssenators Professor Karl Schiller. Die Locke hatte keine Verbindung zum übrigen Haar Willy Brandts. Annemarie Schiller vernahm erstaunt über den Symbolgehalt des nicht gerade gewöhnlichen Haarschopfes: »Die Locke ist zum übrigen Haar in der gleichen Situation wie Berlin zur Bundesrepublik.«

HEIMAT

Die ostnorwegische Provinz Hedmark war die Heimat von
Rut Brandt. Dort war sie in ihrer Familie aufgewachsen.
Nach einer glücklichen und einfachen Kindheit blieb sie
mit diesem Flecken Erde verbunden und richtete für sich
und ihre Familie dort später ein schönes Ferienhaus ein.
Willy Brandt pflegte seine Frau zu necken, wenn sie beide
mit dem Wagen durch besonders schöne deutsche oder
südeuropäische Landschaften fuhren: »Fast so schön wie in
Hedmark ...«

AUF GROSSEM FUSS

Rut Brandt besichtigte die Wiener Schatzkammer. Mehr
noch als für die Reichskleinodien interessierte sich die
gebürtige Norwegerin für die Mode vergangener Zeiten. Ihr
österreichischer Begleiter erzählte hinterher dem Bundesaußenminister: »Ihre Frau war sehr überrascht, dass die
Leute früher so große Handschuhe und Schuhe getragen
haben.« Willy Brandt lachte: »Rut hat sich gewundert, weil
ihre Wikinger kleiner waren.«

RÄTSEL

Auf dem Nürnberger Parteitag 1968 trugen viele Delegierte
eine Plakette mit der Aufschrift »WIR – SPD«.
Auch Willy Brandt hatte sie sich angesteckt, als er zu den
Delegierten sprach. An seine Zuhörer gewandt, scherzte er:

»Ich habe mich gefragt, was das heißen soll! Doch wohl nicht: ›Willy ist richtig‹? Und sicher auch nicht: ›Wer ist rechts?‹. Aber dann bin ich darauf gekommen. Es könnte heißen: ›Wo ist Rut?‹.«

Als der Beifall sich gelegt hatte, überlegte Brandt weiter: »Ich kann ja das Abzeichen jetzt abnehmen und in die Tasche tun, weil Rut seit heute Nachmittag auf dem Parteitag ist.«

FALSCHE ADRESSE

Einmal kam Willy Brandt nach einem besonders arbeitsreichen, aber unergiebigen Tagesprogramm nach Hause. Er wollte seinen Missmut abladen. Damit kam er aber nicht an die richtige Adresse. Seine Frau sagte sofort: »Sei bitte still! Du hast es nicht anders gewollt.«

»Das war«, sagte Willy Brandt später, »eine heilsame Lehre.«

FRAUENFREUNDLICHES KLIMA

Frauenfreundlich waren die Regierungen in Bonn lange nicht. Adenauer holte sich gerade einmal eine Ministerin in sein Kabinett, Elisabeth Schwarzhaupt, von der kaum je etwas zu hören war. Der unverheirateten Oberkirchenrätin wollte er nicht das »angestammte« Familienressort anvertrauen, daher ernannte er sie zur »Bundesministerin für Gesundheitswesen«. Bei diesem Alibi-Ministerium blieb es im Kabinett Erhard. Und auch danach, bei Kurt Georg Kiesinger in der Großen Koalition erhielt eine Frau dieses

Ressort, die Sozialdemokratin Käte Strobel. Das Ministerium wurde lediglich von »Bundesministerium für Gesundheitswesen« schlichter in »Bundesministerium für Gesundheit« umbenannt.

Als Willy Brandt Bundeskanzler wurde, sollte sich daran nicht viel ändern. Nur dass Käte Strobel diesmal das angestammte weibliche Terrain zusätzlich zuerkannt bekam und zur »Bundesministerin für Jugend, Familie und Gesundheit« ernannt wurde. Helmut Schmidt nahm 1980 erstmals zwei Frauen in sein Kabinett auf. Inzwischen hatte sich ja auch in der Frauenszene einiges bewegt. Neben Bundesfamilienministerin Antje Huber erhielt erstmals eine Frau ein eher männliches Ressort. Marie Schlei wurde »Bundesministerin für wirtschaftliche Zusammenarbeit«.

Dem konservativen Bundeskanzler Helmut Kohl blieb es vorbehalten, allerdings erst in seiner dritten Regierungszeit, drei Frauen zu Bundesministerinnen zu ernennen und in seiner nächsten Amtszeit sogar fünf. Spätestens von nun an verloren Frauen ihre Alibi-Funktion und wurden in diesem unserem Lande zu anerkannten Regierungsmitgliedern.

Unter Willy Brandt wurde dennoch die Atmosphäre in Bonn gemäßigt frauenfreundlicher. So holte er sich Katharina Focke, den weiblichen »Senkrechtstarter« der SPD, als erste Parlamentarische Staatssekretärin ins Palais Schaumburg. Katharina Focke hatte auf Anhieb einen CDU-Wahlkreis mit großem Vorsprung für ihre Partei erobert. Sie war die zweite Frau – neben der einzigen Ministerin, Käte Strobel –, die ständig an Kabinettssitzungen teilnehmen durfte.

Andere parlamentarische Staatssekretäre oder beamtete Staatssekretäre waren nur als Vertreter ihrer Minister dort zugelassen.

Frau Focke erhielt ein kleines Tischchen neben dem großen runden Kabinettstisch und war so immer dabei – allerdings am Katzentisch. Willy Brandt hatte die kluge und charmante Frau gerne um sich und hörte aufmerksam auf ihre Meinung, vor allem wenn es um Europa ging.

Wie eng das kleine Bonn damals war, zeigt die Tatsache, dass es sofort ein Gespräch im »Bundesdorf« über die Frage gab, wer denn die schlanke Frau gewesen sei, die den Kanzler bei seiner Rückkehr aus Erfurt nach den gesamtdeutschen Gesprächen am 22. März 1970 mit einem Blumenstrauß am Bahnhof empfangen habe.

GUTE KONTAKTE

Willy Brandt selbst erzählte folgende Geschichte von seiner Staatssekretärin: »Katharina hat bei der Gipfelkonferenz in Den Haag Furore gemacht. Alle wollten wissen, wer die gut aussehende Frau an meiner Seite ist, die Französisch wie ihre Muttersprache spricht.« Bald fuhr Katharina Focke nicht mehr im Wagen der deutschen Delegation zu den Besprechungen. Der französische Ministerpräsident Jacques Chaban-Delmas – Spitzname »Charmant Delmas« – hatte sie den Deutschen abspenstig gemacht. Brandt freute sich, wie es so seine Art war, über die guten Kontakte seiner Staatssekretärin zu den Franzosen: »Meine Parlamentarische Staatssekretärin fuhr nur noch im Wagen von Chaban-Delmas, im Wagen mit der Trikolore.«

ARBEITSHYPOTHESE

Die Spitzenkandidatur für die Europawahl 1984 hatte Willy Brandt seiner Parteifreundin Katharina Focke überlassen. Dazu meinte Brandt auf seine trockene Art: Nun müsse sich Katharina an seiner Stelle weiter mit den »hanebüchenen Marktordnungen und gähnender bis ärgerlicher Sitzungslangeweile« herumschlagen. Nicht gerade tröstlich meinte er zu seiner Kandidatin: »Ich weiß ja auch nicht, ob Europa eine Zukunft hat oder ob die Menschheit eine Zukunft hat. Aber es ist vernünftig, sich für die Arbeitshypothese zu entscheiden, dass es eine Zukunft gibt, und, so gut es geht, damit umzugehen.«

BEZIEHUNGSKISTEN

Spannungen herrschten immer wieder zwischen den beiden großen Männern der SPD, Willy Brandt und Herbert Wehner. Als Brandt sich mit 65 Jahren von seiner Frau Rut nach 30-jähriger Ehe trennte und mit der 33-jährigen Brigitte Seebacher zusammenzog, grollte Herbert Wehner: »Dieser Mann ist nur noch mit seinem zweiten Leben beschäftigt.«

Herbert Wehner heiratete etwas später seine Stieftochter Greta, die sich schon immer anstelle ihrer kranken und früh verstorbenen Mutter sehr um den schwer zuckerkranken Politiker gekümmert hatte.

Gleichzeitig machte in Bonn das Gerücht die Runde, Brandt habe heimlich seine Lebensgefährtin Brigitte Seebacher geheiratet. Journalisten, die ihn darauf ansprachen, antwortete der Altkanzler verärgert: »Ich bin doch nicht Wehner!«

SPÄTE EHE

Kurz vor seinem 70. Geburtstag, also fast noch einmal fünf Jahre später, heiratete Willy Brandt tatsächlich seine Lebensgefährtin in ihrem gemeinsamen Wohnsitz Unkel. Der CDU-Bürgermeister Hans Hafener erklärte bei dem kleinen Festakt: »Es ist Ehrensache, Herrn Brandt und seine Frau zu trauen!« Dann zählte Hafener in seiner kurzen Ansprache sämtliche Ehrenämter des großen Sozialdemokraten auf und meinte dann beeindruckt: »Damit tragen Sie eine große Verantwortung für unser Volk. Da ist es gut, ein Zuhause zu haben, wo eine gute, verständnisvolle Gattin auf Sie wartet!« Und an die junge Frau gewandt, fuhr er fort: »Seien Sie Ihrem stressgeplagten Gatten eine zuverlässige und starke Stütze!«

SEIN BESTES STÜCK

Kurz vor Willy Brandts Tod 1992 besuchte Helmut Schmidt Madrid. Zuvor hatten die beiden Altkanzler, die sich in den letzten Jahren nicht mehr sehr gut verstanden hatten, ihren Frieden miteinander gemacht. In Madrid kam Helmut

Schmidt mit seinen Gastgebern ins Plaudern. Schließlich fragten diese ihn nach seinem Verhältnis zu Willy Brandt, der in Spanien sehr geschätzt wurde. Darauf antwortete Schmidt auf seine schroffe Art: »Willy? Das Beste an ihm ist seine Frau.«

Mensch Willy!

HAUS IM GRÜNEN

Die Familie Brandt zog im März 1964 in die neue Dienst-
wohnung des Regierenden Bürgermeisters um, eine Villa im
Grunewald. Willy Brandt begeisterte vor allem der große
Garten. »Er ist das Schönste am Haus!«, sagte er zu Besu-
chern. »Das Beste an dem Garten ist, dass ich nichts an ihm
tun muss, das macht alles der Senat als Hausbesitzer.«
Rut Brandt betrachtete die Taille ihres Mannes und seufzte:
»Schade ...«

SCHNÜFFLER

Tiere gehörten immer mit zur Kanzlerfamilie: Nusse, die
Siamkatze, Oskar, die kluge Schildkröte, und Huszar, der
ungarische Hirtenhund, waren schon aus Berlin mit nach
Bonn umgezogen. Später kamen noch der Papagei Rocco und
Bastian, eine merkwürdige Promenadenmischung, dazu.

»Bastian ist eine Kreuzung zwischen einer Bernhardiner-
hündin und einem Dackel«, pflegte der Hausherr seinen
Gästen zu erklären. »Wir nennen ihn deshalb einen ›Dack-
tiner‹.«
Bastian pflegte Besucher im Hause Brandt zunächst einmal
gründlich zu beschnuppern. Willy Brandt entschuldigte die

Schnüffelei dann mit den Worten: »Die notwendige Sicherheitsüberprüfung!«

Auch Huszar gehörte offenbar zu den Sicherheitsbeauftragten bei Brandts. Der mächtige weiße Hirtenhund lag meistens quer auf dem Weg zum Salon. Dann warnte Brandt die Gäste: »Vorsicht, nicht treten! Dann arbeitet Huszar vollautomatisch.«

SOMMERFRISCHE ... NICHT OHNE POLITIK

In Norwegen besaßen die Brandts ein Sommerhaus. In der Zeit der Schulferien pflegte die Familie dorthin umzusiedeln. Aber auch in Norwegen befasste sich Willy Brandt mit seinen politischen Geschäften, und irgendeine wichtige Rede war immer zu schreiben. Jedenfalls – Haus- oder Gartenarbeit lagen ihm nicht. Alles Handwerkliche überließ er seiner praktischer veranlagten Frau. Und eigentlich war er auch ein Familienmuffel.

Als die Kinder noch klein waren, fiel es Rut Brandt nicht immer leicht zu begreifen, dass ihr Mann in erster Linie mit der Politik verheiratet war. Als er 1965 zum zweiten Mal als Kanzlerkandidat der SPD im Wahlkampf eine Niederlage erlitten hatte, rief sie aus Berlin an: »Komm doch zurück!« Damals wollte Willy Brandt tatsächlich das Handtuch werfen, und Rut ahnte das wohl. Sie hätte sowieso lieber ein ruhiges und zurückgezogenes Familienleben geführt. Dabei wurden ihr Charme und ihre Eleganz nicht nur von den Medien beachtet. Die Brandts waren in Berlin und überall in der Welt ein beliebtes Paar.

Willy Brandt kehrte 1965 nicht nach Berlin zurück, und Rut

nahm es gelassen: »Manchmal glaube ich, er träumt sogar von der Politik.«

Eines Tages jedoch, als ein Fernsehteam im Sommerhaus in Norwegen einen Film vom Urlauber Willy Brandt drehen wollte, packte diesen der Ehrgeiz, und er beschloss, sich als im wahrsten Sinne des Wortes zupackender Praktiker zu präsentieren. Als er gebeten wurde, sich als Holzhacker vor der Kamera zu betätigen, stimmte er zu: »Das mache ich!« Seine Frau warnte ihn sofort: »Willy, das kannst du nicht!« Aber da stand er schon vor dem Holzklotz, die Hemdsärmel hochgekrempelt und die Axt in der Hand. Die Kamera surrte, Willy Brandt holte mächtig aus und traf – Großaufnahme – daneben. Rut Brandt lachte herzlich, die Fernsehleute grinsten verhalten, und Willy Brandt meinte etwas verlegen: »Das ist wohl doch nicht das Richtige …«

ÄRGER MIT DEN FRANZOSEN

Willy Brandt wollte auch nicht immer in Norwegen Urlaub machen. Er liebte den warmen Süden. So spannte er Anfang 1962 ein paar Wochen in Tunesien aus. Dort musste der Regierende Bürgermeister von Berlin natürlich auch beim Staatspräsidenten vorbeischauen. Bourguiba hatte gerade Ärger mit den Franzosen gehabt und erzählte seinem Gast: In einer langen Rede habe er sich mit der Tatsache auseinandergesetzt, dass die Franzosen noch immer nicht den Stützpunkt Bizerta geräumt hätten. Die Franzosen argumentierten damals, sie könnten wegen der Berlin-Krise nicht abziehen. Da habe er sich aber jetzt empört: »Das verstehe ich nicht. Dort kann es gar nicht so kritisch sein; denn der Scheich von Berlin macht gerade Urlaub bei uns auf der Insel Djerba.«

STRATEGIE

Ein Jahr später verbrachte die Familie Brandt ihren Urlaub in Alpach (Tirol). Dort hatte der Schriftsteller Arthur Koestler ein Ferienhaus. Und auch in diesen Ferien kam Brandt nicht von der Politik los. Eines Abends ließen er und Koestler bei einem Gläschen Wein die Phantasie schweifen. Sie entwarfen einen Plan mit »gerechten Grenzen in ganz Europa«. Am Ende der munteren Sitzung beschlossen die beiden Strategen: »Dies ist der Friede von Alpach, aber der muss ganz geheim bleiben.«

WANDERGESELLEN

Nach seinem Rücktritt als Bundeskanzler entdeckte Willy Brandt die Heilkraft der Natur für seine Seele. Er machte Wanderurlaube. Er durchstreifte nacheinander den Schwarzwald, das Oberhessische Bergland, den Teutoburger Wald. Im Herbst 1979 wanderte er dann mit seinem Freund Lothar Schwarz, damals Pressereferent des Parteivorstandes und der SPD-Zentrale, durch die Pfalz. Willy Brandt war guter Dinge. Im »Weintor« in der Gemeinde Schweigen-Rechtenbach scherzte er: »Man könnte meinen, der Brandt sei hergekommen, um seinen Weinkeller zu füllen.«

Die Barden Hein und Oss unterhielten die vergnügten Wandersleut. Schließlich wurde natürlich auch *»Brüder, zur Sonne, zur Freiheit«* gesungen. Willy Brandt blieb es danach aber vorbehalten, das plattdeutsche Lied *»Sing man tau, sing man tau, von Herrn Pastor sien Kauh, jau jau«* anzustimmen.

NICHT REDEN

Ebenso wie beim Wandern, Einkehren und Singen fand der Politiker Willy Brandt auch beim Angeln wirkliche Entspannung. So machte er einmal Urlaub am Tegernsee mit Angeln, Klettern und an blank gescheuerten Holztischen vor den Sennhütten Sitzen. Hier ließ er sich sogar stets ein Glas frische Milch servieren. Er sei zwar der Milch seit seiner Säuglingszeit entwöhnt, schmunzelte er, »aber über 1500 Meter gilt diese Regel nicht mehr.«

Schon in seiner Jugend hatte Willy Brandt geangelt. »Mit 17 habe ich in Lübeck einen Artikel über das Angeln in der Trave geschrieben und mir gleich eine deftige Beschwerde des Angler-Vereins eingehandelt«, erzählte er einmal aus seiner journalistischen Vergangenheit. »Angeblich stimmten die Fakten nicht.« Dann wunderte er sich: »Heute, wo es zu meinem Image gehört, mich als passionierter Angler oder Fischer zu präsentieren, hat mich noch niemand um einen Artikel über das Angeln gebeten.«

In Kenia hatte Willy Brandt einmal richtiges Angler-Glück: »Ich hab da mal einen 20-pfündigen Nilbarsch gefangen und in der Hotelküche abgeliefert.« Auf der Menükarte stand am Abend: *»Nil Perch caught by Herrn Bundeskanzler.«*

Es war nicht der Sport, der Willy Brandt so am Angeln faszinierte. Als er einmal stundenlang ausgeharrt hatte, ohne etwas zu fangen, bekannte er: »Das Schönste beim Fischen ist nicht das Fangen, sondern dass man nicht reden und sich auch nicht die Reden anderer anhören muss.«

WOZU WITZE ERZÄHLEN?

Als Bundeskanzler Brandt mal gefragt wurde, was er damals an der Großen Koalition als Mangel empfunden habe, antwortete er: »Dass es kaum Witze über sie gibt.« Für Willy Brandt, den man sich als Mensch auch nicht ohne Politik vorstellen konnte, war der Humor die wichtigste Hilfe, um eine innere Distanz zu seiner Arbeit zu bekommen, aber auch um eine Sachlage zu klären. Er lachte gerne und daher erzählte er auch selbst häufig in lockerer Runde Witze – vor allem politische. Und er mochte es auch, sich mit Journalisten zu unterhalten, schließlich war er ja selbst einmal einer gewesen.

Auf einem Flug über den Atlantik 1969 verriet er an der Bordbar zum Beispiel den Witz, den er in Washington zum Besten geben wollte: »Leningrad wird von einer Rattenplage heimgesucht. Nachdem alle Bemühungen, ihrer Herr zu werden, gescheitert sind, meldet sich Kossygin über den »Heißen Draht« bei Nixon und bittet um Hilfe. Der amerikanische Präsident schickt ihm eine künstliche Ratte. Kaum ist diese in Leningrad auf der Straße in Bewegung gesetzt, laufen alle Ratten hinter ihr her und verschwinden schließlich in der Ostsee. Ministerpräsident Kossygin bedankt sich bei Nixon, und bevor er den Telefonhörer auflegt, fragt er: ›Haben Sie nicht auch einen künstlichen Chinesen?‹«

Die Brisanz dieses Witzes hat sich im Laufe der Jahre etwas abgeschwächt. Besser passt auch heute noch der Witz von Radio Eriwan über den Kapitalismus in die politische Landschaft. Willy Brandt hielt ihn für den besten Radio-Eriwan-Witz überhaupt: »Der Sender wird gefragt, ob es eine genaue Definition des Unterschiedes zwischen Kapitalismus und Sozialismus gibt. Antwort von Radio Eriwan: ›Im Prinzip ja. In der Praxis etwas schwierig. Kapitalismus ist die Ausbeutung des Menschen durch den Menschen. Beim Sozialismus ist es genau umgekehrt.‹«

Willy Brandts Lieblingswitze handelten allerdings von schweigsamen Norwegern. So wie dieser: »Da besucht einmal ein Gebirgsbauer einen anderen. Die beiden haben sich lange nicht gesehen. Der Besucher betritt wortlos die Stube. Auf dem Tisch steht eine Flasche Aquavit. Der Gastgeber schenkt ein, sie trinken. Glas für Glas. Es fällt kein Wort. Dann ist die Flasche leer. Beim letzten Glas sagt der eine Bauer: ›Prost!‹ Verärgert blickt der andere auf, schüttelt den Kopf und tadelt: ›Sag mal, sind wir hier, um dummes Zeug zu reden, oder um zu trinken!‹«

Aus seiner norwegischen Zeit hatte Brandt auch die folgende Geschichte mitgebracht, die er gelegentlich erzählte, wenn ihm jemand mit Übereifer oder Pathos auf die Nerven ging: »1905, bei der Trennung von der schwedischen Krone, bestand die Gefahr eines Krieges zwischen den beiden skandinavischen Nachbarvölkern. Die Gemüter waren erhitzt. Der norwegische Nationaldichter telegrafierte an den Ministerpräsidenten: ›Jetzt gilt es, zusammenzuhalten. Björnson.‹ Er bekam die Antwort: ›Jetzt gilt es, den Mund zu halten. Michelsen.‹«

Das passende Wort oder der passende Witz – Willy Brandt benutzte beides, um eine Situation zu klären. Er ließ sich immer Zeit mit seinen Analysen und war nie voreilig in seinem Urteil. So zum Beispiel auf einer Pressekonferenz, zu der er gegangen war, um seine Europa-Kandidatin Katharina Focke zu unterstützen. Während der Pressekonferenz saß Brandt lange in Gedanken versunken da. Es wurde hin und her geredet über Europa und seine Chancen. Brandt, der seine Augen geschlossen hielt, tauchte plötzlich aus der Versenkung auf und meinte schmunzelnd in die Runde: »Ein Professor der Universität Kalau hat festgestellt: Das Schwierige mit den Prognosen ist, dass sie sich auf die Zukunft beziehen sollen.«

GESUNDHEIT

»*No sports*« – Churchills Devise galt auch für Willy Brandt, und wie jener rauchte auch er leidenschaftlich, zwar keine Zigarren, dafür aber sehr viele Zigaretten. Seine Ärzte bemühten sich immer wieder, ihn vom Rauchen abzubringen. Bei den harten Getränken hatten sie mehr Erfolg. Beim Rauchen jedoch nahm er wieder und wieder einen Anlauf, um abstinent zu werden.

So änderte er zum Beispiel vor der Bundestagswahl 1965 seine Rauchgewohnheiten. Er schwor den Zigaretten ab und paffte nur noch Zigarillos. Einen Tag nach Brandts Besuch bei der SPD in Dortmund erhielt die Parteizentrale folgendes Telegramm: »Hier warten noch einige weiße Damen auf unseren Chef.«

Zunächst herrschte Ratlosigkeit in der »Baracke« – so hieß die Bonner Parteizentrale im Volksmund. Schließlich fand ein Mitarbeiter heraus, dass Willy Brandt seine neuerdings bevorzugte Zigarillomarke »Weiße Dame« in Dortmund vergessen hatte.

Nach einem ausgezeichneten französischen Mittagessen auf Schloss Ernich, das der französische Botschafter zu Ehren von Frankreichs Staatspräsidenten Giscard d'Estaing gegeben hatte, fragte Willy Brandt bei seinen Tischnachbarn nach einer Zigarette. Der CDU-Rechtsexperte Carl-Otto Lenz konnte helfen: »Das ist allerdings eine Schwarze«, warnte er anzüglich. Als der SPD-Chef aber feststellte, dass es sich dabei um die Marke »Roth-Händle« handelte, hatte er die Lacher wieder auf seiner Seite.

Vorwurfsvoll meinte da ein dritter Tischgenosse: »Ich dachte, Sie rauchen nicht mehr!« Darauf Brandt: »Nur keine eigenen.«

Bei einer anderen Gelegenheit bat Willy Brandt unterwegs auf einer Reise einen Parteifreund um eine Zigarette. Der meinte: »Hier, nimm gleich die ganze Packung! Ich habe noch eine!« Brandt wehrte ab: »Nein, danke, es tut so gut, wenn man mal um eine Zigarette betteln kann.«

Immer wieder wurde Brandt rückfällig. Und nach seinem Rücktritt als Bundeskanzler machte in Bonn schnell die Runde: »Nun raucht er wieder, Gott sei Dank!« Er half sich allerdings über die Runden mit nur fünf Stück pro Tag, die ihm sein Arzt angeblich erlaubt hatte, und verriet Freunden seinen Trick: »Wenn ich eine lange Kippe übrig lasse, zählt zwei für eine.«

Mit den harten Sachen war dagegen schon lange Schluss. Bei seinem Besuch in Jugoslawien war Willy Brandt sehr von Tito beeindruckt, weil der offenbar alles trinken durfte. Am Vormittag begann Tito schon mit Whisky. »Ich habe darüber auch mit meinem Arzt gesprochen«, erzählte Brandt einem Freund. »Und was hat der gesagt?«, fragte dieser. Willy Brandt bedauernd: »Er hat mich getröstet. Wenn ich erst 80 sei wie Tito, dürfte ich das auch.«

ERINNERUNG

Über den Menschen Willy Brandt gibt es viel zu erzählen. Zum Beispiel, dass er so ehrlich war, vor allem sich selbst gegenüber. Und er war nicht nachtragend – und erkannte echte Freunde an Kleinigkeiten. Mit Wilhelm Kaisen, dem Altbürgermeister von Bremen, verband ihn eine langjährige herzliche Freundschaft. Willy Brandt wusste, warum: »Als ich im September 1945 wieder nach Hause kam, landete ich in Bremen und sollte nach Nürnberg. Vorher wollte ich meine Mutter in Lübeck besuchen. Und Kaisen gab mir seinen Dienstwagen. Das war damals keine Kleinigkeit. Seitdem habe ich immer gewusst, woran ich bei Kaisen bin.«

Und als Willy Brandt einmal in einem Zeitungsinterview gefragt wurde, ob es etwas in seinem Leben gäbe, das er besonders fürchte, lautete Brandts Antwort: »Ich fürchte mich manchmal vor der Erinnerung an einige Menschen – es sind nicht viele –, denen ich Unrecht getan habe.«

BEFÖRDERER

Der Bundespräsident wird in unserem Land vom Bundesratspräsidenten vertreten. Als Theodor Heuss 1958 auf Staatsvisite in den USA weilte, vertrat ihn der Regierende Bürgermeister von Berlin, der zu der Zeit turnusmäßig auch Bundesratspräsident war. Als Bundespräsident Heuss wieder zurück war, stellte er fest, dass sein Stellvertreter mehr Ernennungs- und Beförderungsurkunden für Bundeswehroffiziere unterschrieben hatte, als es durch das Bundespräsidialamt jemals zuvor geschehen war. Brandts knapper Kommentar dazu: »Ich habe aufgearbeitet.«

GELASSENHEIT

Es gab etwas, das Rut Brandt an ihrem Mann störte: »Dass er so schrecklich gelassen ist. Ich kann ihn nie aus der Fassung bringen. Es ist manchmal so, als ob ich zu einem Stein spreche. Wenn ich ihm z. B. sage: ›Die Rede, die du heute gehalten hast, war mies‹, dann wird er nicht ärgerlich oder wütend, sondern prüft, woran das gelegen hat.«
Willy Brandt konnte das erklären: »Es hat in meinem Leben schwere Rückschläge gegeben. Rut überspielte dann einen

Tatbestand nicht. Aber sie machte deutlich, dass man sich selbst nicht so wichtig nehmen darf und dass es Dinge gibt, die mindestens so bedeutsam sind wie die Politik.«

KRANKER MANN

Sie regte sich auch nicht gleich auf, wenn Willy Brandt krank im Bett lag. Einmal fand sie ihn erkältet im Bett vor, ein Glas Rotwein auf dem Nachttisch und in der Hand eine gute Zigarre. Beruhigt ging Rut Brandt wieder ins Wohnzimmer und setzte sich vor den Fernsehschirm. Plötzlich stand Willy Brandt mit dem Thermometer in der Hand ganz entsetzt vor ihr: »Ich habe 41,5!«
Seine Frau beruhigte ihn: »Das kann doch nicht stimmen! Miss noch mal!« Diesmal war das Ergebnis: 37 Grad. Kopfschüttelnd verzog sich Brandt wieder in sein Bett. Rut Brandt aber konnte sich das »hohe Fieber« nur so erklären: »Bestimmt ist er mit dem Thermometer in die Nähe der glühenden Zigarre gekommen ...«

SELBSTERKENNTNIS I

Über sich selbst sagte Willy Brandt ein paar wichtige Sätze: »Für mich als Arbeiterjunge war der Weg in die Sozialdemokratische Partei leicht; ich kann fast sagen, ich wurde in sie hineingeboren.«
(Auf den Knien seines Großvaters wurden ihm nicht Grimm'sche Märchen erzählt, sondern Geschichten über August Bebel.)

»Ich bin ein Mann, der morgens langsam anfängt.«
(Bei seinen Freunden und engsten Mitarbeitern war Willy
Brandt als wortkarger Morgenmuffel bekannt.)

»Ja, ich bin kein Säulenheiliger. Ich habe geirrt und ich habe
gelernt.«

Fazit: »Wenn es möglich wäre, noch mal von vorn anzufan-
gen, würde ich immer wünschen, aus derselben Gesinnung
und Haltung an die Dinge heranzugehen.«

WIEDER AUFGETAUCHT

Es war in Bonn bekannt, dass Willy Brandt hin und wieder
depressive Phasen durchzustehen hatte. Meistens legte er sich
dann mit Fieber ins Bett. »Jetzt nimmt Willy wieder seine
Grippe«, meinte dann sein Freund Klaus Schütz nachsichtig.

Ob er gelegentlich zu Selbstzweifeln neige, wurde er von der
Journalistin Eva Windmöller auf diese Phasen anspielend
gefragt. »Ich gehe durch Krisen hindurch«, antwortete er,
»wenn Sie das mit Selbstzweifel meinen. Dann kann es pas-
sieren, dass ich unausstehlich bin, auch für meine engste
Umgebung zu Hause und für meine Freunde.«
Dieses Interview fand 1983 statt, als Willy Brandt als SPD-
Chef populärer denn je war. Die Journalistin forschte weiter.
Wie man es schaffe, aus dem Abgrund politisch und mensch-
lich wieder herauszukommen? Dazu Brandt: »Das Wieder-
auftauchen kommt weniger geplant, als man meinen
möchte. Es kommt mir gelegentlich dieses hoch, was ich als

kleiner Junge gelernt habe: Du musst dich durchbeißen!
Dann stemmst du dich bewusst dagegen. Der Rest kommt,
sobald wieder Überschuss da ist. Und da erkennt man, dass
man irgendetwas bewirken kann.«

SELBSTERKENNTNIS II

»Die Jahre in Norwegen und im übrigen Norden haben für
mich viel bedeutet. Hier habe ich gelernt, was gute Nachbar-
schaft heißt, im Inneren und nach außen. Hier habe ich
gelernt, die Begriffe Freiheit, Gerechtigkeit, Solidarität vom
Podest der Lehrbücher herunterzuholen, sie auch aus der
Enge einer Gesinnungsgemeinschaft zu lösen und sie – im
Wissen um die Unzulänglichkeiten, die allem Menschen-
werk anhaftet – auf allgemein gesellschaftliche und internationale Zusammenhänge zu übertragen.«

»Meine Frau hat vor Jahren einmal gesagt, sie fürchte, ich
hätte Lust an der Macht, und das erschrecke sie etwas. An dem
Tag, an dem ich Bundeskanzler wurde, hat sie gesagt, sie sei
stolz auf mich – und das hat mir am meisten Freude gemacht.«

»Ich bin kein Schulterklopfer, aber das bedeutet nicht, dass
ich den Menschen nicht nahekommen könnte.«

»Ich habe keine persönlichen Wünsche. Ich habe mir das abge-
wöhnt. Man kann nicht alles im Leben haben. Man kann nicht
Bundeskanzler sein – was ja nicht nur eine Bürde, sondern
auch eine sehr schöne Aufgabe ist – und auch noch ein Privat-
leben haben und große private Wünsche äußern wollen.«

Willy Brandt – Lebensdaten

1913	Herbert Ernst Karl Frahm kommt am 18. Dezember als Sohn von Martha Frahm, einer Verkäuferin, in Lübeck zur Welt. Seinen Vater John Möller, Lehrer und Mitglied der SPD, lernt er nie kennen. »Ersatzvater« ist der Großvater, ein Arbeiter und SPD-Mitglied.
1929	Mitglied in der Sozialistischen Arbeiterjugend Lübecks (SAJ)
1930	Aufnahme in die SPD auf Vorschlag des Reichstagsabgeordneten und späteren Widerstandskämpfers gegen die Nationalsozialisten Julius Leber
1931	Übertritt zur Sozialistischen Arbeiterpartei (SAP), einer Linksabspaltung der SPD
1932	Abitur am Lübecker Reformgymnasium Johanneum; Volontariat bei einer Schiffsmaklerei
1933	Flucht vor den Nazis über Dänemark nach Norwegen. Von nun an nennt sich Herbert Frahm zur Tarnung Willy Brandt. Studium der Geschichte Journalistische Tätigkeit. Exilarbeit für die SAP
1936	Willy Brandt geht, getarnt als norwegischer Student, nach Berlin und organisiert dort eine Untergrundgruppe der SAP.
1937	Spanischer Bürgerkrieg: auf der Seite der Republikaner als Beobachter und Journalist
1938	Ausbürgerung durch die Nazis. Zunächst Staatenloser
1940	Nach der Besetzung Norwegens gerät Brandt unerkannt in deutsche Kriegsgefangenschaft. Flucht nach Schweden. Arbeitet dort als Journalist. Norwegische Staatsbürgerschaft durch die norwegische Exilregierung

1941	Heirat mit der Norwegerin Carlota Thorkildsen, Geburt von Tochter Ninja
1942	Gründung eines schwedisch-norwegischen Pressebüros und Wiedereintritt in die SPD (Exilorganisation)
1945/46	Als Korrespondent skandinavischer Zeitungen berichtet er über die Nürnberger Kriegsverbrecherprozesse.
1947	Presseattaché der norwegischen Militärmission in Berlin
1948	Brandt erhält am 1. Juli die deutsche Staatsbürgerschaft zurück und 1949 das Pseudonym Willy Brandt als amtlichen Namen.
	Scheidung von Carlota Thorkildsen und Heirat mit der Norwegerin Rut Hansen (1920–2006). Geburt der Söhne Peter (1948), Lars (1951), Matthias (1961).
1949–1957	und 1961: Vertreter Berlins im Deutschen Bundestag
1955–1957	Präsident des Berliner Abgeordnetenhauses
1957–1966	Regierender Bürgermeister von Berlin
1957/58	Vorsitzender des Bundesrats
1958–1992	1958 Mitglied des SPD-Parteivorstands, 1962 stellvertretender Parteivorsitzender, 1964–1987 Parteivorsitzender, 1987–1992 Ehrenvorsitzender
1961	Sozialdemokratischer Kanzlerkandidat gegen Konrad Adenauer
1965	Sozialdemokratischer Kanzlerkandidat gegen Ludwig Erhard
1966–1969	Bundesaußenminister und Vizekanzler in der Großen Koalition unter Kurt Georg Kiesinger (nach dem Auseinanderbrechen der Regierungskoalition aus CDU/CSU und FDP im Herbst 1966)
1969–1992	Mitglied des Deutschen Bundestags
1969–1974	Bundeskanzler in einer sozialliberalen Koalition mit Walter Scheel als Vizekanzler
1970	Innerdeutsche Gipfel mit Willi Stoph in Erfurt und Kassel
	Kniefall vor dem Ehrenmal des jüdischen Ghettos in Warschau